教育部人文社会科学研究项目"大数据驱动下电商平台供应链融资风险动态预警研究"（20YJC630175）

大数据驱动下
电商平台供应链融资风险
动态预警研究

徐鲲 李飞飞 李莹◎著

经济管理出版社
ECONOMY & MANAGEMENT PUBLISHING HOUSE

图书在版编目（CIP）数据

大数据驱动下电商平台供应链融资风险动态预警研究/徐鲲，李飞飞，李莹著．
—北京：经济管理出版社，2024.4
ISBN 978-7-5096-9677-4

Ⅰ.①大… Ⅱ.①徐… ②李… ③李… Ⅲ.①电子商务—供应链管理—融资风险—风险管理—研究 Ⅳ.①F830.45 ②F252.2

中国国家版本馆 CIP 数据核字（2024）第 083131 号

责任编辑：丁慧敏
责任印制：黄章平
责任校对：陈　颖

出版发行：经济管理出版社
　　　　　（北京市海淀区北蜂窝 8 号中雅大厦 A 座 11 层　100038）
网　　　址：www.E-mp.com.cn
电　　　话：（010）51915602
印　　　刷：北京晨旭印刷厂
经　　　销：新华书店
开　　　本：720mm×1000mm/16
印　　　张：10
字　　　数：125 千字
版　　　次：2024 年 4 月第 1 版　　2024 年 4 月第 1 次印刷
书　　　号：ISBN 978-7-5096-9677-4
定　　　价：98.00 元

前　言

电商小微企业是互联网时代下我国经济增长的"新引擎"、促进就业多元化的"助燃剂"、发展外贸的"先行军"，但其融资问题却始终是一大难题。独特的"互联网金融"融资模式打破了电商小微企业的融资瓶颈，也将信用风险置于电商小微企业融资决策的核心位置。因此，构建合理的信用风险指标体系并建立有效的信用风险预警模型，对于判别并监测电商小微企业的信用风险至关重要。在大数据驱动下，研究电商平台供应链融资风险预警问题，一方面，丰富电商小微企业信用风险预警指标体系，使得电商小微企业的信用风险评价及预警全面可靠、有据可依，有助于电商小微企业明确自身信用风险，及时对自身缺陷进行纠偏；另一方面，基于大数据构建的电商小微企业动态信用风险预警模型，助力电商平台、金融机构在互联网信贷融资过程中科学决策，从而落实政府工作部署，将资金安全、合理、有保障地向电商小微企业倾斜，进一步刺激小微企业创业意愿，充分激发市场活力，拉动新时代的经济发展。

本书以电商平台小微企业为研究对象，秉承发现问题、分析问题、解决问题的思路梳理研究脉络，沿着"构建主、客观维度的信用风险预警指标体系—优化基于机器学习算法的静态预警模型—搭建考虑状态指标和时序指标的动态预警模型"的内容主线展开深入研究。本书的主要研究内容总结如下：

（1）构建具有电商小微企业特色的信用风险预警指标体系。梳理国内外已有研究成果，厘清构建电商小微企业信用风险指标体系的思路，从5C要素理论出发，结合互联网、大数据的实际背景，全面挖掘电商小微企业自身经营以及消费者自由评论等结构化、非结构化数据蕴含的信息，将指标划分为店铺资质风险、店铺经营风险、店铺口碑风险三大类，同时挖掘在线评论蕴含的信息，丰富信用风险的应用情景，从主、客观两维度共筛选出21个信用风险预警指标，并通过ROC验证，说明指标体系的合理性，最终形成较为完整且与时俱进的信用风险预警指标体系。

（2）探索信用风险预警模型的构建与优化。一方面，考虑到电商小微企业的高动态性，通过主成分分析法提取风险综合预警指标，根据正态分布的原理在95%的置信概率下设定风险类别分界线，将电商小微企业的风险状态划分为无风险、轻度风险、中度风险、重度风险四个级别。另一方面，采用SMOTE算法优化不平衡数据集，规避由数据质量导致的模型失衡问题；结合随机森林模型与网格搜索算法，采用"两步法"思路优化随机森林模型参数，获得最优的模型状态。对采集的822个样本的真实数据进行信用风险预警对比实验，验证了所构建的电商小微企业信用风险预警模型的适用性与精准性。

（3）建立考虑动态风险演化的预警模型。采用不同的风险度量方法分别提取出状态指标、时序指标中的动态趋势，将动态因子融入风险预警模型中，使得模型拥有更为精准、更为敏感的预警功效；同时，设定风险偏好临界点用于调节模型参数，将决策者对于指标的主观预期期望引入模型，使得包含风险信息与决策者主观决策信息的多期时序数据映射至同一截面,从而构建蕴含动态信息的随机森林预警模型。算例实验与对比分析结果表明,考虑指标动态变化的模型较之静态模型灵敏度、精度更高,更贴合电商小微企业的特性;将验证集代入模型实际跟踪验证后,进一步证实了该信用风险动态预警模型的实践应用价值,可以将其作为电商小微企业的"互联网金融"融资决策过程中的"晴雨表"。

(4)提出电商小微企业信用风险管理对策建议。对于电商小微企业,既要注重自身运营数据,更要关注消费者评论所带来的信用影响,提高生存活力与竞争力;对于电商平台,在大数据环境下应强化主体责任意识,制定并完善信用风险预警机制,提高电商小微企业互联网融资的质量与效率,保持市场良性竞争秩序;对于金融机构,应积极响应落实国家政策,将资金向电商小微企业倾斜,探索大数据背景下电商小微企业融资新路径;同时,电商平台与金融机构需形成统一的、可互认的信用风险预警标准,营造良好的电商小微企业市场;对于监管部门,应牵头规范信用环境,引导电商小微企业自省自查信用风险,督促电商平台及时监测电商小微企业的信用状况,共筑透明的电商市场,保证电商小微企业健康发展。

目　录

第一篇

研究基础

第二篇

信用风险预警指标体系设计

第三篇

信用风险预警模型研究

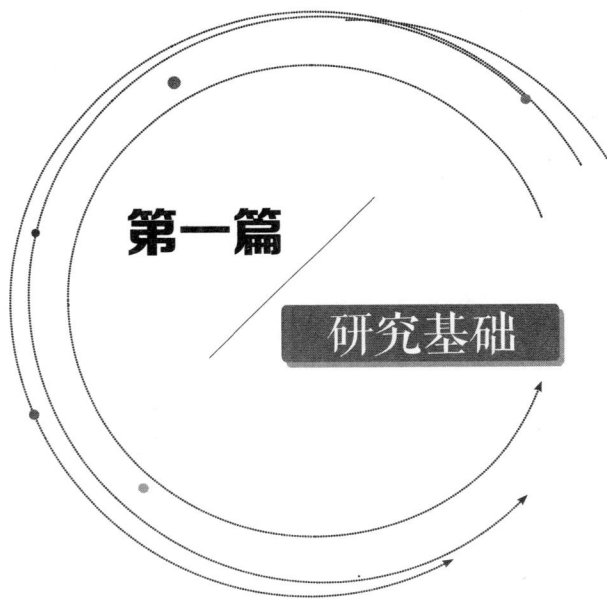

第一篇

研究基础

第一章 绪论

第一节 研究背景和研究意义

一、研究背景

在实现第一个百年奋斗目标，开启向第二个百年奋斗目标进军新征程的2021年，我国新发展格局迈出新步伐、高质量发展取得新成效，实现了"十四五"良好开局。面对国内外加速演进的百年未有之大变局与前所未有的经济发展之严峻挑战，2021年中共中央经济会议[①]在部署2022年经济工作任务时，进一步强调做好"六稳""六保"工作，保持经济运行在合理区间，尤其强调要帮助中小微企业、个体工商户减负纾困、恢复发展，加大对实体经济融资支持力度，促进中小微企业融资增量、扩面、降价。宏观政策的春风

---

① 2021年中央经济工作会议于2021年12月8~10日在北京举行。

赋予了中小微企业茁壮成长的生机，带给中小微企业健康发展的利好机遇，结合大数据、互联网、云计算的助力，电商小微企业如雨后春笋般涌现，不断激发市场活力、满足市场内需、带动市场创新。不仅国家出台政策给予电商小微企业利好政策支持与资金倾斜，电商平台与金融机构也在与时俱进地推陈出新，打造金融借贷新业态，推动供给侧结构性改革，针对电商小微企业融资过程中的痛点对症下药，推出新型融资模式破解电商小微企业融资难题，为其健康融资、成长存续保驾护航。在市场驱动、环境鼓励、政策支持等多重因素的影响下，电子商务迅速崛起，在促进经济增长、吸纳就业、推动经济新常态发展（黄宝凤和李金铃等，2020）[1] 等方面都起着重要作用。目前市场上主流的电商平台包含多种电子商务模式，如 B2B、B2C、C2C 等（冀芳和张夏恒，2016）[2]，这极大地丰富了电商平台的发展与完善，以淘宝为代表的 C2C 电商平台大幅度降低了电商小微企业的进入门槛，助力其发展，故对该模式进行深入研究成为新时代下的必需课题。

电商小微企业是互联网时代下我国经济增长的"新引擎"、促进就业多元化的"助燃剂"、发展外贸的"先行军"，但其融资问题却始终是一大难题。电商小微企业体量小、资产基础薄弱、财会制度不完善、动态性强、体制构架不完善、风险抵抗力不足，这些问题决定了在其整个融资过程中难有质押物、担保人，故常常处于劣势地位。传统金融机构为规避风险、降低成本、避免麻烦，对于电商小微企业的融资需求存在"歧视"，这无形之中提高了电商小微企业融资的门槛，加大了其融资难度，让其融资处境雪上加霜。

2021 年 12 月，国务院办公厅印发《加强信用信息共享应用促进中小微企业融资实施方案》① 强调要加快信用信息共享步伐，深化数据开发利用，

---

① 国务院办公厅发. 加强信用信息共享应用促进中小微企业融资实施方案［Z］. 2021-12-22.

创新优化融资模式，不断提高中小微企业贷款可得性，有效降低融资成本，切实防范化解风险，支持中小微企业纾困发展，保持经济平稳运行，为构建新发展格局、推动高质量发展提供有力支撑。独特的"互联网金融"融资模式应运而生，这种融资模式链接云计算库，有助于使用者轻松获取电商小微企业的交易数据、物流数据、客户访问数据等，有效整合资源评估电商小微企业的实力及信用状况，通过无担保、无抵押的信用贷款，凭借累积的采购、交易、信用与资金状况等信息数据直接获得融资，这就意味着信用在电商小微企业的融资过程中举足轻重，直接关系到企业能否顺利获取贷款。

对信用风险进行管理是保证电商小微企业长期发展的必要手段之一，电商小微企业如何建立完备信用风险预警指标体系、如何进行信用风险动、静态预警是电商小微企业信用风险管理的重点、难点所在，目前研究尚未形成统一定论。本书在已有研究成果的基础之上，结合大数据背景，构建具有电商小微企业特色的信用风险预警指标体系，引入机器学习优化静态预警模型，考虑动态因子并构建动态预警模型，以期为电商小微企业信用风险预警提供理论指导与实践借鉴。

二、研究意义

在我国经济转型期，电商小微企业能够充分保障就业、安定民心、促进社会稳定发展，尤其在新时期，电商小微企业必须站稳脚跟，积蓄力量，因此保障其顺利融资、健康成长、稳定发展成为重点课题。这不仅要求电商小微企业洞悉自身信用薄弱之处，也要求平台、金融机构做"火眼金睛"的监督者和及时纠偏的引导者。而这一切的前提是具备一套完整的电商小微企业信用风险预警指标体系，以及统一、恰当的电商小微企业信用风险预警模型。

信用风险相关研究浩如烟海，已有研究围绕上市公司的信用风险成因、评估、管控等方面深入研究并取得丰硕成果，达成统一的学术共识。但新兴电商小微企业的信用风险与上市公司之间存在异质性，难以直接套用成熟的研究成果；电商小微企业面临的市场环境虚拟化、复杂化，云数据库中结构化、非结构化数据均蕴含大量有用信息，种种条件都决定着其信用风险难以一言以蔽之。而现有研究往往着眼于传统的结构化数据，即电商小微企业的经营数据、物流数据等直接以数据形式呈现的"硬指标"，恰恰忽略了非结构化数据中蕴含的丰富信息，包括消费者在线评论文本、基本信息等"软指标"。因此，相关理论研究亟待深挖反映电商小微企业信用风险的指标。

信用风险预警从本质上看，可视为多属性、多指标决策问题，在解决这一问题时，现有研究方法是基于不同模型的引入、优化、组合不断提高识别整体风险的精度；现有研究思路逐渐由静态预警向动态预警转变，通过"厚今薄古"赋权、采用平滑模型预测、考虑变量本身的"成长因子"来拓宽思路，这些研究为风险预警领域添砖加瓦，取得丰硕成果。反观之，现有动态信用风险预警研究更为关注研究对象整体风险，并未充分挖掘每个指标中蕴含的动态信息，这对于实践应用来讲丧失了一部分理论向实践转化的实用价值。因此，重视每个指标之中蕴藏的动态风险信息、选择恰当的指标风险度量方法进行挖掘显得尤为重要。

本书聚焦于电商小微企业融资过程中最重要的信用风险。首先，梳理现有研究，基于主、客观两维度构建符合电商小微企业的信用风险预警指标体系。其次，尝试通过处理非平衡数据集、引入"两步法"思路，弥补随机森林算法在实际预警中的短板，从而构建预警精度高的静态电商小微企业信用风险预警模型。最后，在静态模型的基础上，考虑时序数据中蕴含的动态信息，通过风险度量的方法构建动态电商小微企业信用风险预警模型，使其为信用风险监控及预警提供理论意义，助力电商平台小微企业关注自身信用风险、努力降低信用风险、保证健康融资，以期为电商小微企业突破融资瓶颈提供新的解决思路。

本书具有以下三点重要的理论意义与实践意义：

第一，引入多元化数据信息丰富研究思路。虽然目前学术界对于企业信用风险预警的相关研究趋于成熟，但绝大部分研究选择上市公司作为研究对象，构建指标体系时均秉承财务指标为主、非财务指标为辅的思路。这种研究思路显然不适用于财务信息透明度低、规模小、发展不确定性高、动态性强的电商平台小微企业。本书考虑电商小微企业互联网经营环境的特性，借助大数据思想挖掘结构化与非结构化信息资源，从而更加全面、更具针对性地对电商平台小微企业的信用风险进行动态预警，打破研究瓶颈、填补研究空白，为电商平台小微企业的信用风险预警相关研究提供一定的理论指导。

第二，丰富电商小微企业信用风险预警指标体系的构建情景。精准反映研究对象实际情况的指标体系才能作为深入研究的基础，而目前以电商小微企业为研究对象的信用风险预警指标体系初具雏形、尚未形成定论，已有研究在多方面展开探讨。本书在已有研究结论的基础上扩展电商小微企业信用风险预警指标体系的构建情景，一方面将常用的服务水平、经营状况、销售情况等客观指标纳入指标体系；另一方面契合电子商务发展特点，运用文本挖掘深挖电商平台上在线评论所蕴含信用风险信息，通过引入消费者的主观评价完善相关指标体系。这种思路结合自然语言相关研究，使得构建的电商小微企业信用风险预警指标体系更贴合当下大数据背景下电商小微企业的特点，为后续研究扩展研究思路。

第三，打开预警模型新视野，推动电商小微企业信用风险预警与时俱进。在信用风险预警相关领域，学者们自始至终追寻的目标是不断提升信用风险预警的精度，故不断引入大量跨学科的方法优化信用风险预警模型。本书考虑到信用作为电商小微企业的一种重要的无形资产，会随着时间的推移、环境的变化、同行业竞争者的决策、新进入竞争者的增加而产生变化，在一定时间内，各项指标蕴含的动态信息能够充分反映企业在未来一段时间内的信用风险状态，因此在考虑预警原理的基础上充分体现信用风险预警动态性。这种思路为电商小微企业、电商平台、金融机构等提供信用风险预警新借鉴，推动其信用风险预警与时俱进，通过精准手段监控、预警电商小微企业动态信用风险，降低电商小微企业信用风险，促进电商平台小微企业健康成长，实现我国电子商务持续创新驱动经济发展。

第二节　研究内容和方法

本书秉承着发现问题、分析问题、解决问题的思路梳理研究脉络，沿着"构建主、客观维度的信用风险预警指标体系—优化静态预警模型—搭建动态预警模型"的思路展开研究，如图 1-1 所示。首先，通过对已有研究内容及大数据背景进行梳理，结合信息经济学、新制度经济学、风险管理理论较为系统地演绎、分析了我国电商小微企业在变幻莫测的大数据背景下所面临的信用风险。其次，从主、客观两维度全面构建 C2C 电商小微企业信用风险预警指标体系，同时设定四种风险类别，构建随机森林模型对电商小微企业信用风险状况精准预测。最后，从方法论的角度考虑将状态变量与时序变量映射至同一截面，赋予指标体系以动态特征，并将其输入随机森林模型使之具备动态性。

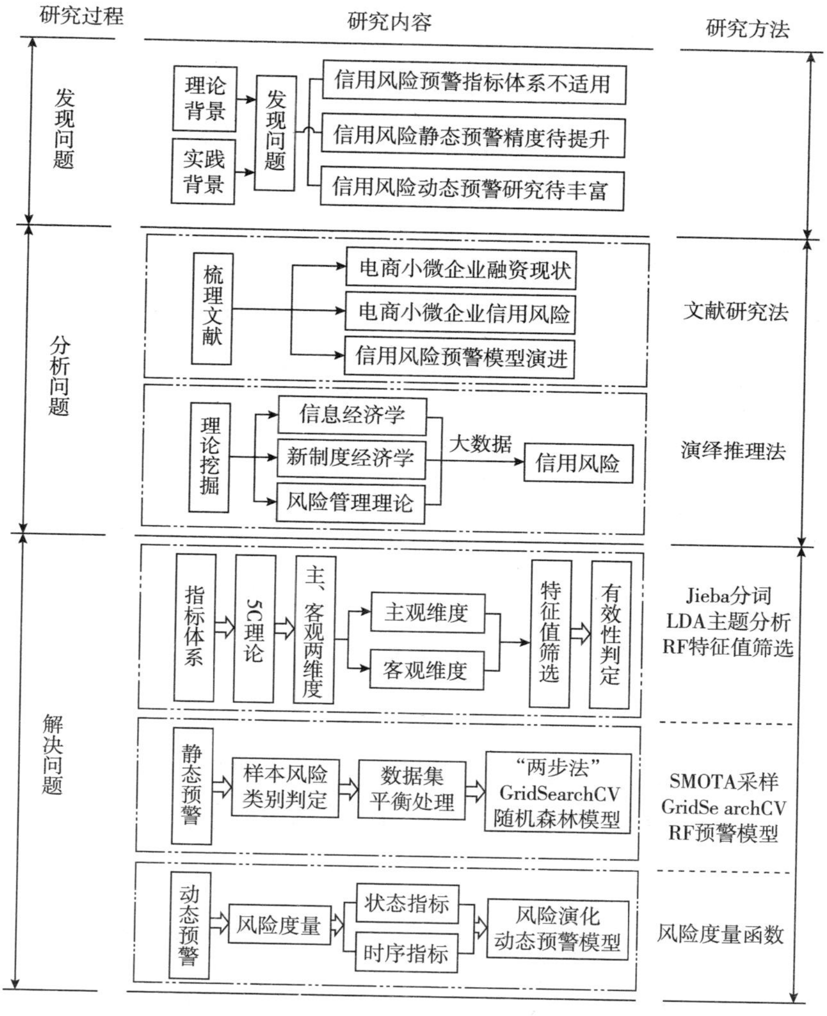

研究过程　　　　　　　　研究内容　　　　　　　　研究方法

图1-1　本书总体研究框架

在发现问题的基础上，本书的研究内容主要包括以下四大方面：

（1）分析问题。作为本书的基础，该部分首先介绍选题背景、选题意义、研究思路等。重点就互联网经济大背景下，电商小微企业融资方式的优化，以及目前存在的问题进行阐述，说明当前政策大环境、改革大环境、市场大环境对电商小微企业融资的影响，据此提出本书的研究意义，针对亟待解决的问题构建初步研究思路。其次，细致梳理电商小微企业融资现状、信用风险、预警模型演进三大方面的研究成果，找到已有研究的不足以及发展中衍生的新问题，作为本书研究的突破口。最后，为了保证后续研究理论可溯、主体明晰、基础坚实，梳理包括信息经济学、新制度经济学、风险管理理论在内的理论基础，同时对电商小微企业、纯信用贷款、信用风险三大概念进行界定，并明晰大数据背景下信用风险的范畴。

（2）构建契合电商小微企业的信用风险预警指标体系。紧紧围绕 C2C 电商小微企业的特征以及非结构数据多样化的特点，在传统的 5C 要素理论基础上考虑大数据背景，对传统 5C 要素进行全新诠释，将其归纳总结为文化资本、经济资本、社会口碑资本三大类，同时考虑反映电商小微企业经营状态的客观指标与带有消费者情感的主观指标，搭建契合我国 C2C 电商小微企业的信用风险预警指标体系。客观指标是通过梳理已有研究成果汇总所得；主观指标是通过文本挖掘进行主题挖掘、情感量化所得，将带有情感色彩的主观指标引入指标体系，构建多场景下的、具有电商小微企业特点的信用风险预警指标体系。

（3）探索信用风险预警模型的构建与优化。既要考虑电商小微企业的高动态性，也要在注重模型的适用性、可行性的基础上优化模型，提高预警精度。首先，设定风险类别阈值，将电商小微企业的风险状态划分为无风险、轻度风险、中度风险、重度风险四个级别，将电商小微企业信用风险看作阶段性的变化过程。其次，分析不同预警模型的优劣，选择最适合本书内容的随机森林算法展开后续研究，考虑到其自身内含对数据结构要求高、易过拟合两方面问题，分别选取 SMOTE 过采样方法获取不平衡数据集，解决数据结构严重不平衡问题；运用大步长配合小步长的"两步法"思路优化网格搜索算法，解决随机森林模型自身易过拟合问题，实现对随机森林模型进行更迅速、精准的调参。用实际算例验证模型，并进行对比实验，验证了本书所构建的信用风险预警模型的适用性与精准性。

（4）建立考虑动态风险演化的预警模型。通过风险度量方法分别提取出状态指标、时序指标中的动态趋势，将动态因子融入风险预警，使得模型拥有更为精准、更为敏感的预警功效。将指标体系中的全部指标划分为状态指标和时序指标，针对不同特性的指标分别采用不同风险函数进行建模处理，获取包含动态因子的数据；同时，将行业均值作为风险偏好的临界点用于模型参数的调节，将决策者对于指标的主观预期期望考虑进模型，使得包含风险信息与决策者主观决策信息的多期时序数据映射至同一截面，从而构建蕴含动态信息的随机森林预警模型。将动态预警模型进行算例分析验证，并对比分析静态模型结果得出结论，保证预警模型具备实践意义和应用价值。

第三节　创新点

第一，融合多场景，构建主、客观相结合的电商小微企业信用风险预警指标体系。学术界针对实体企业的信用风险指标体系在一定程度上达成了共识，其指标的设置侧重于以财务指标为主、非财务指标为辅，但目前尚未对电商小微企业信用风险预警指标体系形成统一标准。本书在已有研究结论的基础上扩展电商小微企业信用风险预警指标体系的构建情景，以覆盖5C要素的文化资本、经济资本、社会口碑资本三大因素为框架，基于主、客观两维度选取电商小微企业信用风险预警指标，使指标体系既包含店铺资质、交易流水等客观信息，又包含店铺在线评论中所蕴含的消费者对店铺信用风险认知的主观信息。创新性地引入自然语言相关研究中文本挖掘的方法，挖掘在线评论中蕴含的信用风险主题，并根据其情感色彩进行情感量化分析。

第二，对随机森林模型进行创新优化，以高效的方式获取最优参数。本书一方面考虑非平衡数据集对模型的影响；另一方面考虑随机森林模型调参方法存在的不足，尝试进行创新突破。运用过采样 SMOTE 算法优化数据集结构，在保留原有数据特征的基础上合成平衡样本集，避免不平衡数据结构影响预警模型的构建；在调参算法应用思路上进行创新，采用大步长结合小步长的"两步法"，优化网格搜索算法在调参过程中耗时长的问题，对随机森林进行"剪枝"调参，修剪一些相对有害的树得到子森林，避免模型过拟合、欠拟合的风险。通过上述两方面对随机森林模型进行创新优化，构建电商小微企业信用风险静态预警模型。

第三，考虑风险演化建立动态预警模型。一方面，从风险预警的映射原理入手，既考虑指标映射集中的状态指标，又考虑时序指标，根据不同指标的特性采用差异风险度量方法，构建线性函数模型处理状态变量，构建 VaR 模型处理时序变量，将包含企业风险演化趋势信息的时间序列数据映射至同一截面值，使所获得的截面值包含动态因子。另一方面，灵活设置参数反映决策者风险偏好，考虑到不同风险偏好决策者的期望预期存在差异，这种差异丰富了风险度量的主观特性，包含了决策者的主观风险倾向，决策者可以根据自身风险偏好设置参数，使得所建立的模型更贴近实际、更具实践指导意义，提高了风险预警模型的普适性。

第二章 文献综述

本章主要从电商小微企业融资现状、电商小微企业信用风险以及信用风险预警模型演进三大方面对已有文献进行梳理，总结学术界关于电商小微企业融资现状以及融资过程中最重要的信用风险相关论述中的不足，整理研究思路。

第一节 电商小微企业融资现状

小微企业区别于大中型企业的独特性质与融资需求，决定了它在融资领域处于溢价高、资源少的尴尬境地。首先，小微企业资金需求数额小、期限短、频率高，加大了银行审批流程的复杂程度（施文先，2016）[3]。其次，小微企业的财务信息不公开、信用观念淡薄，在传统的银行借贷中，银企信息不对称，缺少披露的财会报表、良好的历史信用记录等透明信息，导致传统金融机构逆向选择（Stiglitz，1981；Berger et al.，1998；杨嘉歆等，2020；

张宇润和张强，2020)[4-7]。最后，小微企业自身规模较小、经营不稳定、成立时间较短，极易受到行业环境和宏观环境影响，让其固有借贷风险在无形中提高（赵浩等，2019)[8]。因此小微企业在传统的银行借贷中处于劣势地位，林毅夫[9]等更是一针见血地指出传统金融机构提供的金融服务难以满足小企业的需求。但随着以云计算、云数据库为代表的互联网时代来临，小微企业开辟了新的融资路径，形成独特的"互联网金融"融资模式，这种融资模式有别于传统的直接融资或间接融资，拓宽了传统金融借贷服务的边界，丰富了传统金融借贷服务主体和手段，延伸了金融服务的触角，运用互联网技术和大数据优势，为小微企业的融资困境开辟了全新的途径，助力小微企业的成长与发展，改善小微企业融资状况的效果显著（Agarwal and Hauswald，2010；李超和骆建文，2015；姚莲芳，2017)[10-12]。互联网金融比传统借贷更符合电商平台小微企业的融资特点、契合电商平台小微企业的需求，很大程度上解决了银企间信息不对称、授信成本过高的问题，具有办理周期短、成本低、门槛低、流程便捷等优势。但是新融资模式的发展必然伴随着风险的产生，融资过程中的信用风险问题自然而然受到关注。

第二节　电商小微企业信用风险

目前信用风险管理的相关研究主要集中在信用风险的识别与评估、风险评价、风险管理与控制三大方面，这契合了风险管理理论所提出的风险识别、衡量、评价与控制的关键环节，故本书进行文献综述时遵循该机理。

一、电商小微企业信用风险识别与评估

国内外学者从多维度对企业信用风险的成因展开诸多探讨。从外部环境来看，市场经济环境的波动、政府经济政策的变动等都会波及企业的信用风险；从内部环境来看，企业的自身状况如财务情况、企业规模等会影响企业信用风险；结合内外部环境来看，信息不对称导致的逆向选择也是企业信用风险增加的原因之一。

姚国章和赵刚（2015）[13] 提出由于企业信用风险成因复杂、特点多样，只有定性和定量相结合的综合评估才能得出更为合理的结果。学者们在研究过程中，更偏向于选择定量评估为主、定性评估为辅的综合评估方式对信用风险进行识别和评估（孔媛媛等，2010；王帅等，2014；许艳秋和潘美芹，2016）[14-16]。在定性研究方面，主要是定性的划分信用等级，对信用风险进行识别与评估（Lin，2013；Emekter，2015）[17-18]；在定量研究方面，主要是针对不同的研究对象构建合适的信用风险评价指标体系、运用多种评估方法构建数理模型，从而较为全面地量化企业的信用风险进行信用风险的评估（梁满和徐御等，2017；谭中明和束文会，2019；王宝森和王迪，2019；陈柏彤和鲍新中，2020；田琨等，2021；羿建华和郭峰，2021）[19-24]。

随着互联网技术的飞速发展，大数据思想渗透各领域，网络零售积累的交易数据呈现几何倍增长，越来越多的研究借助大数据打开视野。

一方面，结合大数据思想弥补以往信用风险研究中的不足，如利用大数据思想设置非财务指标来完善上市公司的信用风险评估指标体系（宋彪，2015；王文荣和陈婵娣，2018；吴峥，2020）[25-27]，宋彪[25] 运用大数据思想搜集互联网用户发布的涵盖企业维度的信息，形成上市公司的综合大数据情感指标，并将其作为非财务指标引入上市公司财务风险预警模型；王文荣

和陈婵妮（2018）[26] 利用大数据优势加入企业董监高个人、企业合作伙伴、企业社会信用三方面的信息来完善传统中小企业信用评价体系。

另一方面，选择以云端数据库为依托的新研究对象展开深入研究，如电商平台企业（唐时达等，2015；付永贵等，2016；谢邦昌等，2016；黄宝凤和李金玲，2020）[28-30,1]、互联网个人征信（Cai et al.，2018；Ding，2018；黄月涵和华迎，2019；王冬一等，2020）[31-34] 等。付永贵（2016）[29] 充分考虑网络供应商提供的数据资料、信息系统储存的数据信息、互联网环境中获取的行为信息等多元数据渠道，构建网络供应商信用评估模型。研究信用风险应结合互联网特性，在云端数据库中获取企业在交易过程中积累的静态信息、实时的动态信息等，从而充分掌握交易状况、顾客行为状况等（唐时达等，2015；王宝森和王迪，2017）[35,21]。

然而，电商小微企业缺乏高质量、高规范的财务数据，因此在大数据背景下研究小微企业群体的信用问题必须考虑其独特性质。对于电商小微企业而言，最具特点的非结构化数据莫过于平台上公开的消费者在线评论文本，在线评论文本中所隐含的消费者主观情绪会潜移默化地影响后来消费者对产品的态度、对企业的偏好，进而影响其风险感知程度，这会对电商小微企业的信用产生极大的影响。因此，深度挖掘在线评论数据可以有效补充电商小微企业信用相关信息，提升信用风险预警的效果。另外，也有学者提出通过挖掘云数据库中储存的多层次、多角度的结构化数据与非结构化数据来研究小微企业的信用风险问题（谢邦昌等，2016）[30]。随着云端技术的不断完善，以"数据质押"为核心，针对电商平台小微企业展开金融服务是大势所趋（唐时达等，2015）[35]，在数据质押的过程中必须充分挖掘企业交易数据（黄宝凤和李金玲，2020）[1]、客户行为数据（唐时达和曾雪云，2015）[35]等，从而把握这种新型信贷模式中的信用风险。

可以看出，在互联网、大数据、云计算的催化下，信用风险的相关研究不断延展，出现了新的研究背景、新的研究对象、新的量化载体，具有广阔的探究空间。

二、电商小微企业信用风险评价

信用风险评价相关研究最核心的焦点是信用风险指标体系的构建，自信用风险相关研究出现以来，如何针对研究对象构建恰当的指标体系就成为学者们关注的重点。

伴随着小微企业在国民经济中重要程度的提升，相关研究对象从上市公司转向为非上市公司（杜晓颖，2012）[36]、从大中小型企业转向小微企业（王素义等，2009；刘萍，2012）[37-38]。大部分小微企业贷款难的根源在于金融机构将其划分为中小企业，生搬硬套已有的信用评价指标体系（蒋辉等，2017）[39]，实际上，小微企业较中小企业更缺乏高质量、合规的财务数据，这使得传统的信用评价体系不得不"削足适履"（谢邦昌等，2016）[30]，进而导致评价缺乏科学性和有效性，加剧了小微企业融资难的窘境、极大地制约了小微企业的发展。

随着互联网融资的诞生、发展和繁荣，现有研究将目光集中在互联网融资的业务模式、服务方式、风险来源上，而针对中小微企业信用风险评价指标体系的相关研究还不完善，部分学者为了便于实证研究重视定量指标反而忽略了定性指标的选取（匡海波等，2020）[40]，新兴的互联网融资解决了小微企业的燃眉之急，但也对小微企业的信用风险评价提出了更高的要求（袁海瑛，2017）[41]。小微企业已实现的交易、库存变化等数据更能反映其经营状况；小微企业对宏观政策、经济环境、产品替代性等因素的反应更为敏锐；小微企业对交易上下游的评价更为注重（谢邦昌等，2016）[30]；小微企业的产品质量对其口碑影响更为强烈（何佳晓，2020）[42]；同时，消费者可以在电商平台上自由发表、获取相关评论，这些在线评论的数量、言论质量、文本信息会潜移默化地影响后来消费者的行为（刘灵芝等，2018；聂卉，2021）[43-44]，从而对电商小微企业的信用产生一定的影响。

互联网打造的云平台极大拓宽了社交平台，形成一个虚拟的、密切的"小型社会"，这个"小型社会"对传统市场中处于信息劣势的消费者赋予了信息对称、交换的主动权。消费者可以就购物体验自由发表评论，这些评论直接反映了消费者的消费体验、心理满足程度，助力后来消费者做出购买决策（易剑波，2017）[45]；对于商家来说，可以及时对自身存在问题洞察、改进以期获得提升，在变幻莫测的电商市场中获取一席之地（胥梦佳，2020）[46]。消费者对产品主观评价的积累在一定程度上会影响企业的信用（刘灵芝等，2018）[43]，因为社会的主体是人，人本身的态度、意向、情感在社会中会间接影响到其他人，互联网环境中消费者自发形成的"小型社会"更是将该影响的作用无限放大，这些影响会左右新消费者的风险感知及购买行为（郝媛媛，2010）[47]，在一定程度上反映电商小微企业的信用风险。那么挖掘这些在线评论中的信息，并将其作为反映电商小微企业的信用风险的指标显得至关重要。

由此可见，对小微企业进行信用评价需要涵盖企业经营基础信息、社会评价以及实时交易动态等多方面（孙玥璠等，2015）[48]，这就要求构建的指标体系以非财务指标为主，且需综合考虑静态与动态指标、结构化与非结构化指标、定量与定性指标。故大数据时代小微企业信用评价指标体系亟须重构，云计算、云平台、社交网络等IT技术给小微企业的信用风险评价体系的重构拓宽了思路（荣飞琼等，2018）[49]，在指标体系中融入非结构化信息有助于更准确地评估信用风险（王超，2020）[50]。同时云计算等技术可以储存、积累、动态获取、整理分析、深入挖掘多层次、多角度、多方位的相关数据，能有效破除梏桎、丰富完善电商小微企业信用风险评价指标体系。

综合来看，学者们敏锐地察觉到了大数据时代对小微企业信用评价体系构建的助力与要求的转变，纷纷转变研究焦点、深入挖掘、填补新兴事物所带来理论与实践的研究空白，就目前研究而言，学者们针对大数据背景延展了小微企业信用评价体系的边界，使其不再拘泥于传统的财务指标、非财务指标，转而考虑互联网的非结构数据，为研究主体"量身打造"信用评价指标体系。不少学者提出要重视网络在线评论在小微企业信用评价中的作用，但鲜有研究将其真正落地。充分运用大数据的优势、构建符合小微企业的信用风险评价指标体系，突破现有研究"瓶颈"，是当前学术界亟待解决的问题。

三、电商小微企业信用风险管控

在风险的管理与控制方面，其一，学者们在放贷平台（禹亦歆，2016；耿军会和王雪祺，2016；王珊君，2016）[51-53]和借款企业自身（刘玉，2015；Peter，2016；杜倩，2017；宫建华和周远祎，2019；邹可和李晴宇，2020）[54-58]两方面提出具有针对性的信用风险管控措施。耿军会和王雪祺[52]、王珊君[53]都认为应由政府牵头，放贷平台与金融机构共建完善、有效的网络贷款追偿机制与法人失信惩戒机制，才能进一步使得风险管控效用发挥到最大。刘玉[54]、Peter[55]都重点强调了企业自身要完善信用评价体系，电商小微企业的贷款业务大多采取无担保、无抵押的模式，因此一套准确的信用评价体系关系到融资企业能否通过贷款平台的审核评估、顺利融资。

其二，随着物联网、大数据以及区块链技术在电商平台小微企业融资过程中发挥着越来越重要的作用，学者们一方面提出以信息共享机制为核心的防范策略能较好地应对信用风险（罗勇和王阳军，2018；储雪俭和谢天豪等，2018）[59-60]，另一方面提出第三方支付平台应充分利用云端数据库，合理公平地对放贷企业进行信用审核（王珊君，2016[53]；刘达，2016；董春丽，2019[61-62]）。王珊君[53]、储雪俭和谢天豪等[60]与董春丽[62]均提出要运用大数据思想建立健全企业信用信息数据库，通过有效利用融资过程所形成的交易数据，解决信息不对称的问题、改善传统融资方式中的信用评分机制，并由政府出台相关扶持政策和法律法规，降低信用风险出现的概率。

第三节　信用风险预警模型演进

企业信用风险预警本质上可视为多属性、多指标决策问题，现有研究中解决这一问题大多基于不同模型的引入、优化、组合来不断提高识别整体风险的精度；从原理来看，对企业信用风险的预警可以视为构造数学映射的过程，输出的企业信用风险的状态判断集合对应输入的相应指标集合。

目前为止，对企业风险预警的研究经历了两个阶段。第一个阶段是自研究伊始至20世纪末，该阶段学者们主要采用统计学模型来构建财务风险预警模型。Fitzpatrick（1932）[63]最早将单变量模型引入财务风险预警研究；1968年，Altman（1968）[64]最先建立了 Z 值判定模型；1980年 James（1980）[65]以 Logit 模型预测上市公司财务困境，验证了 Logit 模型的预测效果要好于多元线性判别分析，自此之后 Logit 模型由于计算简单、系数易解释等特点被越来越广泛地应用到实际风险预警。

第二个阶段是20世纪末至今，随着计算机的发展与普及，风险预警模型的相关研究开始了从统计模型向人工智能模型的转变，越来越多的学者把目光投向人工智能算法，采用跨学科交叉的方法来构建精度更高的风险预警模型，常见模型包括 Logistic 模型（方匡南和范新妍等，2016；王永萍等，2017；丁越，2019；郭春桃，2019）[66-69]、神经网络模型（赵囡和赵哲耘，2018；李桂芝和王雪标，2020）[70-71]、支持向量机（张晴丽，2019；周树功和李娟，2020；刘舒晨，2020）[72-74]、决策树（赵莉，2020）[75]、随机森林算法（刘梦营，2019）[76]、Kalman 滤波理论（姜婕，2018；尹夏楠，2018）[77-78] 等。

对国内外文献进行梳理得出，目前构建信用风险预警模型的常见思路是采用机器学习算法，通过有针对性的优化参数来不断提高模型预测的准确性。目前常用的智能优化算法包括遗传算法（Whitley，1994）[79]、粒子群算法（Trelea，2003）[80]、果蝇优化算法（Pan，2012）[81] 等。王永萍等[67] 引入果蝇优化算法来优化 Logistic 模型；丁越[68] 在 Logistic 模型的基础上引入遗传算法，这些优化均在一定程度上提高了 Logistic 模型的预测精度及其性能。张晴丽（2019）[72]、周树功和李娟（2020）[73]、刘舒晨（2020）[74] 在使用支持向量机的基础上，分别引入粒子群算法、交叉验证法和神经网络算法、果蝇优化算法优化惩罚参数和核参数。不难发现，越来越多的研究者倾向使用人工智能算法进行风险预警参数的优化、构建更为精准的预警模型。

另外，现有风险预警领域的研究已经充分认识到了动态预警的重要性，一部分研究着眼于运用"厚今薄古"的思想赋予时间序列权重（张发明等，2018；余鹏等，2019；吴飞美等，2019；李旭辉，2019）[159-162]，该种研究通过二次加权、纵横向拉开档次等方法赋予静态数据以时序权重，以动态的视野把握随时间推移的风险特征；另一部分研究利用面板数据的思想，按期考虑风险特征空间状态变化，运用平滑模型、借助状态空间思想对未来风险状态进行预测（王冬一等，2020）[34]；另有学者考虑变量本身的变动情况，借用物理中加速度的概念重新定义"成长因子"修正静态评价（张发明，2019）[164]，抑或运用 FPCA 方法提取指标曲线中的动态特征（张卫国，2020）[165]。

第四节　本章小结

通过文献梳理可以看出，学术界目前的研究肯定了识别评估以及管控信用风险在小微企业融资过程中的重要性，并且建立了一系列信用评价指标体系对信用风险进行评估，但已有研究还存在以下不足：

（1）聚焦信用风险的识别评估与管理控制，缺少进一步地针对借款企业的信用风险预警。如何对信用风险进行预警是电商平台小微企业成功融资的难点，也是相关领域未来的研究重点。本书将在已有研究成果的基础上，从电商小微企业本身出发，结合其特点构建信用风险动态预警模型。

（2）研究对象虽由上市公司转向电商小微企业，但上市公司的信用评价指标体系并不适用于电商平台小微企业，而目前学者们也并未针对电商小微企业提出规范统一的指标体系。本书在已有研究的基础上，设计契合电商小微企业的信用风险指标体系，考虑传统 5C 要素在大数据背景下的演进，将在线评论数据作为消费者对店铺的主观情感评论依据引入指标体系，从主、客观两维度构建预警指标体系，进一步满足多场景的应用，使得指标体系能更全面、准确地反映电商小微企业的信用状态。

（3）提高预警模型的精度是该领域学者们矢志追求的目标，信用风险预警模型相关研究已从传统的统计模型领域大规模进军至机器学习算法领域，并在此基础上不断优化参数来弥补传统机器学习算法中存在的缺陷。本书延续本领域目标，旨在构建精度更高的风险预警模型，为电商小微企业信用风险预警提供依据。

（4）现有风险预警领域的研究已经充分认识到了动态预警的重要性，但大部分研究未从区分状态指标与时序指标，从差异风险度量方法的角度入手挖掘其中蕴含的动态信息。鉴于此，本书从风险预警的原理入手，区分指标体系中的状态变量与时序变量，通过不同函数映射来考虑企业动态风险状态。

经过文献梳理，得到本书的初步研究思路：以电商平台小微企业为研究对象，构建消费者主观感知情景下更契合电商小微企业状况的主、客观两维度信用风险指标体系；优化基于机器学习算法的信用风险预警模型；考虑各指标中蕴含的动态信息，映射电商小微企业信用的动态风险并对其预警。

第三章　理论基础与概念界定

本章主要对所涉及的基础理论以及概念进行梳理。首先分别梳理信息经济学、新制度经济学、风险管理理论与信用问题之间的关系。其次对电商小微企业、纯信用贷款、信用风险三个概念进行明晰界定，在此基础上结合电子商务市场发展实况，明晰大数据背景下的信用风险，引出后文研究。

第一节　理论基础

一、信息经济学与信用问题

在信息经济学研究中，宏观信息经济学与微观信息经济学两条研究主线相互交织、不断发展完善。由 Stigler 和 Arrow 领跑的微观信息经济学，主要围绕不对称信息来研究信用问题，其中由 Akerlof 等提出的信息不对称理论，成为信息经济学中极具开创性的重大核心理论。信息不对称理论是信用风险的一般起源假说（刘洪芳，2017；何毅舟，2018）[82-83]，主要指在各种市场的经济活动中，各方参与者所掌握的信息存在差异，信息缺失导致处于信息劣势的一方判断失误（何毅舟，2018[83]；Akerlof & Spence，2001[84]），从而使整个交易过程产生风险。如在银企之间的借贷关系中，作为借款方的企业较之贷款方的商业银行能更清晰地理解、掌握自身实际经营状况、财务信息、还贷意愿、还贷能力以及贷款用途等信息，作为"外部人"的商业银行只能通过增加相应的成本来获取有限的信息去评估借款企业的信用风险水平（张润驰，2018）[85]，在这个过程中商业银行能获取的信息量远远低于借款企业，这种信息不对称的情况造成借贷过程中的不确定性增加，由于风险本质上是一种可以度量的不确定性（Frank，2013）[86]，因此也可以说不确定性增加导致信用风险加剧。

在理论中信息不对称，所产生的信用风险根据交易阶段的不同划分为两种类型：交易前会导致逆向选择；交易后会导致道德风险（何毅舟，2018[83]；Frederic，2014[87]；全颖，2018[88]）。"逆向选择"最早由 Akerlof于 1970 年在对二手汽车市场进行调研时提出，用于分析"柠檬市场"产生的原因。以银企借贷对逆向选择风险进行举例说明，假定市场环境上的信息不对称，银行所掌握的企业信息远低于企业本身掌握的信息，因此银行只能基于有限信息对申贷企业进行信用风险评估、根据企业风险状况决策是否放贷，在整个过程中，银行的信用风险评估受到信息缺乏的限制，可能会误估申贷企业的真实信用风险，反而出现接受信用风险较高企业的贷款请求、拒绝信用风险较低的企业的情况。信息不对称造成银行的逆向选择，从而导致银行信用风险失控、贷款本息无法按期收回。而道德风险产生于发放贷款后，在经济学上解释成契约关系的一方由于难以完全预测、知悉另一方行动而导致的风险，在银企借贷关系中，借款人可能为了自身利益最大化而改变自己的行为准则甚至违背契约（Stiglitz & Greenwald，1986）[89]，从而造成严重的道德风险。信息不对称理论在揭示现行市场体系存在缺陷的同时，点明了信息经济学在市场经济中举足轻重的作用（姚斌，2019）[90]。

信息不对称在极大程度上阻碍了正常交易、借贷等市场行为的顺利运转和健康发展，鉴于此，经济学家们提出大量理论来矫正信息不对称所产生的偏差。以 Michael Spence 为代表的经济学家，探讨了如何减少逆向选择的问题，并提出了信息不对称问题可以采用信号传递的方法予以解决，进而演进出信号传递模型。以上文银企借贷为例，在逆向选择的风险中，借款企业方可以通过传递信号的方式向银行证明自己的经营状况、交易质量、成长能力等，从而传递有效信息，纠正银行风险评估中的偏差，在一定程度上抵消逆向选择的风险。

二、新制度经济学与信用问题

以 Coase 等为代表的新制度经济学作为当代西方经济学的主要流派之一，侧重于交易成本的经济学研究领域。1937 年，Coase 提出了交易成本这一范畴并予以解释，广义上来讲，交易成本理论涵盖人与人、人与自然界的关系成本。1964 年，Coase 在《社会成本问题》中将交易成本归纳为搜寻成本、谈判成本、签约成本以及监督成本。1976 年，美国经济学家 Williamson 在 Coase 的研究基础上对交易成本理论进行了改进，将其范围扩大，加入监督、控制、管理交易成本，考虑到信息不对称等因素的变化，认为信息成本在市场交易中起着举足轻重的作用。

交易成本理论秉承着节约交易成本的原则，区分交易的因素特征，选取适配的体制协调交易。在交易成本理论发展成型的过程中，存在三个重要假设：有限理性、机会主义和资产专用性。其一，由于人有限理性，任何缔约活动都不充分、不完全；其二，人天生的机会主义倾向会大大增加合约履行的难度、增加交易成本；其三，已用作特定用途投资的专用性资源如果转为他用，会致使价值损失。由于信息不对称所诱发的逆向选择、道德风险等机会主义的存在使得信用风险水涨船高，致使人们面临着越来越高的交易成本，从而引发了降低交易成本的愿望，而社会信用机制能够改善投机主义、节约社会资源、降低交易成本，营造良好的市场环境，因此信用契约、信用交易、信用制度等相关机制逐渐建立起来。深入剖析交易行为中失信行为的经济诱因，如果交易一方的失信行为并未带来足够的经济损失，反而为失信者带来了更高的经济收益，失信行为就会进一步发酵；相反，如果失信行为使得失信者遭受巨大损失，缺少利益驱动，失信行为就会减少甚至消失。通过上述分析，新制度经济学中的交易成本理论佐证了交易双方良好的信用有利于降低交易成本，助力经济市场良性循环。

三、风险管理理论与信用问题

企业内外环境中潜藏的风险会持续影响企业的生存和发展，因此必须采取措施以有效管理风险。相关理论在 20 世纪初自西方工业国家产生并迅速、广泛传播，古典管理理论主要代表人 Henri Fayol 最早提出企业应将风险管理贯穿于企业的财务活动中，作为指导思想积极践行，这是风险管理理论思想的萌芽，同时为风险管理理论的繁荣奠定了坚实的基础。1963 年出版的《企业风险管理》记录了风险管理学科的诞生；1964 年出版的《风险管理与保险》，从实践角度诠释了风险管理在企业管理科学中的应用，使得风险管理理论开始大放异彩，书中指出风险管理是一种以最低的成本将风险损失降到最低的科学管理方法，这种理念被后来学者广泛接纳、深入研究。追溯至风险概念，可以看出风险管理理论是在风险因素、风险事故以及风险损失三者递进机理的基础上延伸发展起来的，至少包含风险识别、风险衡量、风险评价与风险控制几部分（惠志斌，2018；王晓刚，2019）[92-93]，刘洪芳（2017）[82] 还提出风险管理应包括风险管理效果评估，对风险管理的其他部分进行反馈、修正，以便更好地控制风险。

20 世纪 50 年代至 70 年代是风险管理理论的传统研究阶段，这一阶段的风险管理工具主要是保险，相关研究致力于将风险管理理论融入主流经济学和管理学的分析框架中；将风险管理的思想延伸至企业整体决策、企业整体目标、金融市场理论（王稳等，2010）[94]，产生了资产组合理论（MPT）、资本资产定价模型理论（CAPM）等一系列衍生理论，丰富了风险管理学科，打下了坚实的理论基础。20 世纪 80 年代至今进入风险管理的转型阶段，伴随资本市场和保险市场的融合，出现了新的结构性风险管理工具，但随着全球经济一体化、互联网大数据、云计算飞跃式发展，不同类型的企业飞速涌现，企业面临的风险类型不断增加、风险程度不断加深，企业间的交易更为迅速且复杂，这就对传统的风险管理模式提出了破陈出新的新要求，在此背景下，全面风险管理登上舞台，它将风险管理的思想融入企业经营管理的各个环节，最大限度实现风险管理总体目标。

信用风险管理属于风险管理学科的一个重要分支，其既有风险管理的共性，也具有自身的独特性：其一，信用风险同时具有系统性与非系统性双重特征，这也就意味着信用风险较之其他风险更为复杂多变，而信用风险管理也需要兼顾系统与非系统两方面内容；其二，信用风险收益与损失不对称，分布呈现偏移态势，这也印证了信用风险管理不可或缺；其三，信用产品缺乏二级交易市场，授信对象信用状况变化的信息获取存在困难，因此信用风险评估较为困难，信用风险管理难度较高。

也正是因为信用风险自身的独特属性，以至于 20 世纪 90 年代以前，信用风险管理的相关研究集中在规范性研究上（申韬，2012）[95]。随着风险管理的发展，信用风险管理相关研究也不断深入，进入 21 世纪，在全面风险管理的基础上，信用风险管理逐渐兼顾多方面的综合性管理，开始通过数理统计的方法建立计量模型评估内部信用风险、度量信用风险预期损失，在这样的背景下，信用风险评估、预警作为信用风险管理的重要组成部分被广泛关注。

第二节　概念界定

一、电商小微企业概念界定

小微企业是小型企业、微型企业、家庭作坊式企业与个体工商户的综合（张润驰，2018）[85]，它是基于规模差异的相对动态的概念，在不同的经济发展阶段有着不同的界定范畴。2011 年，由工业和信息化部、国家统计局等四个部门共同制定的《中小企业划型标准规定》（工信部联企业〔2011〕300号）中，首次结合行业特点，将我国中小企业划分为中型、小型和微型三种类型，并按照从业人员、营业收入、资产总额三项标准进行行业划分。

电子商务虽是 21 世纪商业交易的主流模式，但目前其相关定义仍不明确，各国政府、学者、企业家对电子商务的表述并无统一标准。我国对电子商务的界定是：采用数字化电子方式进行商务数据交换和开展商务业务活动。基于此，本书所涉及的电商指的是：依托于开放的网络环境，基于服务器平台、浏览器等所进行的商贸活动，该活动可以实现消费者的网上购物、在线支付，商户的交易活动、信贷活动及相关综合服务活动；电子商务平台包括电子商务信息发布平台、支付平台、交易平台等，为用户提供商业信息服务、采购交易渠道、在线支付等服务，具体指的是为保证电子商务活动顺利进行，在全面整合信息流、物流、资金流的基础上搭建起来的网络空间与管理环境。

本书的研究对象主要是指在互联网所提供的网络环境中、基于淘宝平台进行 C2C 贸易活动的淘宝商铺，这些淘宝商铺所属大行业是零售业，根据定义，零售业判定为小微企业的标准是从业人员 10 人以下或营业收入 100 万元以下的企业，可以判定其性质是电商平台小微企业。这些 C2C 模式的电商平台小微企业依托淘宝电商平台开展商务活动，同时其自身交易、物流、消费者评价等信息数据累积所形成信用储存在淘宝电商平台的云端数据库中，为其在电子商务平台进行数据质押、开展网络借贷提供了便利条件。

二、纯信用贷款概念界定

如火如荼的数字经济给纯信用贷款带来发展大机遇，纯信用贷款拓宽了传统金融借贷服务的边界、丰富了传统金融借贷服务主体和手段、延伸了金融服务的触角（杨竹清等，2021）[96]。"金融贷款服务"不再是银行等传统金融机构的专属名词，阿里、京东等典型的电子商务平台为在其平台上运营的企业提供纯信用贷款服务，如阿里贷款旗下的淘宝信用贷款、网商贷，京东贷款旗下的京宝贝等项目，这些电子商务平台提供的融资服务是一种纯信用贷款的模式，也可以理解为数据质押，电商平台企业可以凭借其累积的采购、交易、信用与资金状况等信息数据直接获得融资，其凭借融资速率高、融资金融灵活等优势备受电商小微企业青睐。

以淘宝平台为例，其利用大数据、云端数据库、区块链等技术优势累积在平台上的真实数据作为评级和授信的主要依据，通过对平台云端储存的数据进行集成和处理，从而完成自动化审批和风险控制，并据此决策是否为自身平台上的小微企业提供无抵押、无担保的纯信用贷款。纯信用贷款便捷、迅速、成本低，为电商小微企业注入全新的活力，对居民创业具有显著的正向作用（张林等，2020）[97]，同时通过促进经济增长和创业行为，显著提高我国城乡居民的收入（杨伟明等，2020）[98]；但与此同时，该种贷款模式对电子商务平台的风险控制提出了更高的要求。

纯信用贷款的诞生、发展与成熟标志着大数据在融资服务领域的渗透与融合，也意味着传统借贷的信用风险在新事物的作用下向前演变，那么纯信用贷款的信用风险是如何产生的？在大数据背景下信用风险又是如何延伸变化的？这些问题亟待理论界与实践界的深入研究与解答。

三、信用风险概念界定

"信用"一词具有悠久的历史，被广泛应用于不同领域的研究，其本身具有丰富的内涵，且针对不同的研究主题有着不同层次的理解。从经济领域的狭义角度诠释信用，信用活动产生于货币流通及商品交换的过程之中，授信方基于信用向受信方贷出货币或赊销商品，对于受信人来讲，需要在按照双方约定按期偿还货款的同时，支付一定利息作为报酬给予授信方，整个活动基于信用产生，同时进一步强化信用在其中扮演的角色，促进信贷活动顺利运转。从经济领域的广义角度对信用进行诠释，信用贯穿受信者履约全过程，是受信者主观诚信与客观偿付能力的统一。可以说信用的出现在一定程度上降低了双方的交易成本，同时大大提高了双方的交易效率。但要保证信用在整个交易过程中顺利运转、积累，需要一个重要前提——受信方有足够的履约能力，即受信方有能力、有意愿且顺利在约定的期限内偿还所获得的商品、货币。但在市场交易过程中双方信息不对称、信息错位的现象普遍存在，因此在这个过程中永远存在着风险。

随着理论的发展，学者们逐渐达成"风险客观说"的共识，认为风险具有不确定性、客观性以及可测量性。总体来看，风险应涵盖风险因素、风险事故以及风险损失三者的递进联系（楼晓靖，2013；沈海微，2018；王晓刚，2019）[99-101]；其范畴十分广泛，主要包括信用风险（Dyckman，2011；禹亦歆，2016；付玉涵，2018；宫建华和周远祎，2019；邹可和李晴宇，2020）[105-106]、平台风险（党誉珲，2020；千敏和焦琳晓，2020；柏青华，2020）[107-109]、操作风险（Dyckman，2011[102]；刘玉，2015[54]）、市场风险和法律风险（宫建华和周远祎，2019[105]；周衍平和李蓓仪，2020[110]；邢苗和董兴林，2020[111]）等。其中信用风险存在于一切含有信用的交易活动中，作为融资中最普遍的风险（Dyckman，2011）[102]备受各界学者关注。

电商小微企业经营过程中面临的主要风险就是信用风险。在现代风险环境的快速变化和风险管理技术的迅猛发展的前提下，信用风险有两种解释：一是狭义上，信用风险被解释为债务人在履约过程中不真实的表达履约承诺、不履行或瑕疵履行义务，致使债权人难以获得预期收益、造成利益风险损失（彭颖，2018[112]；张润驰，2018[85]）；二是广义上，信用风险被解释为债务人信用水平和履约能力的变动所造成损失的可能性（蒙震，2015）[113]。前者强调是否违约，后者强调信贷质量价值的潜在变化，两者均可用来解释信用风险这一概念。本书所研究的信用风险主要涉及广义概念，认为电商小微企业的信用风险可以被解释为企业自身文化资本、经济资本、社会口碑资本的变动对信贷方可能造成的损失。

四、大数据背景下信用风险

进入 21 世纪以来，我国信息化建设迅猛发展，互联网技术渗透用户日常生活中，电子商务平台更是构筑起交易、物流、信用等多方面设施（贾艳涛等，2010）[114]。根据 CNNIC 最新发布的第 47 次《中国互联网络发展状况统计报告》（2021）[115]，截至 2020 年 12 月，我国已经连续八年成为全球最大网络零售市场。随着网络零售的发展以及网购观念的普及，电子商务市场开始作为新兴市场扩张规模，其灵活多变的商业模式以及国家出台的扶持政策吸引着众多企业入驻互联网，大到诸如阿里、苏宁、京东等大型企业，小到个人经营的淘宝店铺都纷纷发展电子商务，电子商务市场空前壮大并逐渐形成了 C2C、B2C、B2B 等多种模式。

然而电子商务市场相较于实体市场而言，其交易主体、交易客体、交易行为均以数字虚拟化的形式呈现，互联网交易活动的未知性、虚拟性、远程性导致电商企业信用风险具有隐匿性，更容易引发信用问题（虞越，2016）[116]；交易信息的高度不对称性（王学东等，2013；付永贵等，2016）[117-118]；交易主体复杂程度高、信用风险种类繁多，在交易的各个环节都容易发生信用风险，这些因素导致了在电商企业借贷过程中存在较之传统企业更难以评估、难以控制的信用风险。

银行等金融机构在对传统大、中型企业放贷的过程中，会根据该企业披露的财务信息、非财务信息考察实际情况评估借贷风险，进而发放贷款（丁林，2016）[119]。但这种传统放贷方式难以适配在开放互联网环境中经营的资金需求量小、需求频率高、动态性强的电商小微企业。在日益复杂的矛盾演变之中，得益于大数据的渗透，互联网金融应运而生、打破传统壁垒、带来新机遇，我国庞大的网络用户交易量为电商平台积累了海量交易数据。电商平台云端储存着电商平台小微企业的每笔交易数据、行为数据（唐时达等，2015）[121]，包括交易信息、物流信息、现金流信息以及消费者的消费方式、消费偏好（贾艳涛，2010[114]；施文先，2016[120]）等，这些海量信息和数据作为价值载体被电商平台记录，可以作为金融机构融资的授信依据（付永贵等，2016）[118]。余额宝、阿里小贷、淘宝贷款等电商小贷公司就是敏锐地察觉并利用了海量数据中蕴含的信息价值，打破了电商平台小微企业融资难的僵局，企业只需凭借在电商平台上积累的信用记录，无须提供任何抵押、质押，这标志着以"数据质押"为核心的纯信用融资贷款方式的萌芽，这是一种依靠交易数据进行金融服务的新型融资方式（唐时达等，2015[121]；邹宗峰等，2016[122]），在拓展互联网金融渠道的同时提高效率、降低成本。本书研究主体所涉及的信用风险就是在这种互联网环境、大数据兴盛的背景下，电商平台小微企业利用电商平台储存的交易数据、行为数据进行纯信用融资过程中所产生的信用风险。

结合相关理论对该信用风险进行分析，首先，虽然互联网平台、社交网络、搜索引擎等信息技术在很大程度上改善了信息不对称问题，阿里、淘宝等电商平台小贷公司通过其自身积累的海量数据资源获悉电商平台小微企业的经营状况，使得双方掌握的信息尽可能对等。但海量的结构化、非结构化数据容易造成信息冗杂、数据噪声增加、附加多余的信号；同时电商平台积累的行为数据不排除企业伪造的可能，部分数据的真实性存疑，海量数据反而可能适得其反，产生负面效应（杜永红，2015）[123]。因此，在大数据背景下，由信息不对称造成的信用风险仍旧存在，且在其催化下展现出新态势。其次，从交易成本理论的角度出发，电商小贷公司云端自存的交易数据、行为数据可以大大减少获取企业信息的成本，但对海量信息价值的判断和逻辑思考却要增加额外的成本。最后，从信用风险管理的角度出发，在互联网融资的背景下，"数据质押"属于无担保无抵押的纯信用模式；且融资缺少抵押物、担保人，事前缺乏完备的风险识别体系、事后缺乏有效追款措施等（刘玉，2015[54]；邓传红等，2015[124]；宫建华等，2019[57]），因此准确的信用风险预警体系既有利于缓解信用风险给贷款平台带来的压力，也有利于电商平台小微企业的健康融资。虽然电商小贷公司都致力于完善电商小微企业信用风险预警体系，但目前小贷公司自有的信用风险评估模型存在指标片面、设置不合理的问题（虞越，2016）[116]，这就要求电商小贷公司时刻关注市场变化，建立更为合理的风险预警模型，对贷款企业进行信用风险识别、风险衡量、风险评价、风险预警与风险控制。

第三节　本章小结

本章紧紧围绕本书待解决的三个大问题，对理论固本进行溯源，从信息经济学、新制度经济学、风险管理理论三大基础理论入手，系统分析了信用风险的成因、信用风险管理理论的发展；明确研究对象的概念范围，并结合大数据特性，分析传统信用风险的新态势，经过理论梳理，问题最终落脚点在大数据背景下电商小微企业信用风险的管理上。

第二篇

信用风险预警指标体系设计

第四章　主客观维度信用风险
预警指标体系设计

本章拟从主、客观两维度来构建适合电商小微企业的信用风险预警指标体系，先通过梳理5C要素理论，结合电商平台特征与大数据背景，分析电商小微企业信用风险影响因素，初步搭建指标框架。再从主、客观维度入手，分别基于归纳整理得到细分客观预警指标、基于文本挖掘获取细分主观预警指标，在获取主观预警指标时，主要采用文本挖掘的思想，运用LDA主题分析，在822家淘宝平台生鲜行业小微企业样本的在线评论中凝练相关主观指标。最后运用随机森林特征筛选指标，并进行ROC检验判定指标体系的有效性，构建完整的指标体系。

第一节　信用风险预警指标的理论基础

一、信用风险预警指标体系构建原则

淘宝电商平台针对平台上小微企业建立的信用评价标准，通过物流、

服务、产品描述相符度等给出信用动态评分；根据消费者对该店铺的评价进行信用评级；统计店铺总体好评率等。这些信用评价标准一定程度上能够反映店铺的信用状况，为消费者提供一定的参考，但仍面临很多问题：指标过于零散不成体系，消费者难以快速获取有用信息；仅单纯将企业信用资料进行展示，并没有深入挖掘企业的经营状况，没有进一步预测企业将面临的信用风险；指标更侧重于静态信用指标，所涉及动态信息较少；对于用户评价等级设计较为简单，难以全面反映用户体验感知程度等（马艳丽，2014）[125]。

作为度量电商平台小微企业信用风险的标尺，一套符合电商平台小微企业特点的指标体系显得尤为重要，而合理的指标体系必须以正确的原则为指引，包括以下四大原则：

（1）科学性原则。淘宝电子商务线上交易的环境复杂多变，故不可避免地具有多元性、驳杂性等特点，因此在构建电商小微企业信用风险预警指标体系时必须符合科学性：每个指标之间既要相互联系、相互作用、相互依存，又要具有独立性、层次性，各项指标组合能够形成全面、客观、准确反映信用状况的体系网。

（2）系统性原则。在遵循科学性原则的基础上，也要符合系统性原则：在搭建基本要素架构的基础上，分层构建充实完善的子要素系统，形成一套清晰完整的要素系统，这就要求所设计的指标体系要秉承系统性原则，既要经得起理论推敲，又要受得住实践考验。

（3）全面性原则。鉴于淘宝平台上店铺的信用状况是受多种因素、多个环节、多种情景综合影响的，因此在构建其信用风险评价指标体系时必须遵循全面性原则：指标体系所涵盖的内容应全面反映评价对象信用状况相关的各项要素，既要参考历史信用状况，又要预测未来发展趋势；既要考虑静态信用信息，又要考虑动态信用状况，借此来评估对象未来风险情况；同时还要考虑电商平台上公开的消费者在线评价给店铺带来的信用风险。

（4）独立性原则。淘宝平台上的店铺属于电商小微企业，具有发展动态性强、企业经营规模小、各类信息透明度较低以及受消费者口碑影响大等独有特点，这意味着以其为研究对象，不能机械套用现有研究中成熟的、以财务指标为代表的指标体系。因此必须遵循独立性原则，尤其要注意在多元化情景下，各种非结构化数据对店铺信用的影响。

二、C2C 电商小微企业信用风险理论分析

文献梳理发现，信用预警指标体系存在不足，在遵循信用预警指标选取原则的基础上，还需要挖掘信用风险影响因素作为构建指标体系的理论框架。

长期以来，理论界提出了许多理论研究成果，从不同角度分析信用要素的特点，信用要素法分为几个流派，其中"C 要素"理论最为基本、最为典型、应用最为广泛，从包含品格、能力、资本的 3C 要素到增加了担保品的 4C 要素，再到加入环境的 5C 要素，"C 要素"理论趋于完善；5P 要素学说在 5C 要素理论的基础上归纳解释，具有更强的实用性。整体来看，信用要素理论基本上涵盖信用基础、信用保障、还款能力、信用环境、未来成长五方面内容，只是由于评价对象的不同，选取不同的评价内容（国丽娜和邵世才，2019）[126]。

基于上述考量，本书选择最为权威的 5C 要素理论作为基础框架搭建电商小微企业信用风险预警指标体系的框架。但是传统的 5C 要素理论大多只从个体本身的经济资本角度展开信用预测评估，电商小微企业在大数据背景下进行信贷，主要依靠的不仅是其储存在云端的资质、交易等客观数据，还包括顾客消费评价所形成的主观情感数据。互联网背景下消费者可以公开发表评论、获取评论，因此消费者的购买意愿可能受到已有评价信息的影响，如评价中包含负面信号、重复刷单评价、评价中情感色彩的强烈程度都会对消费者的购买意愿产生影响，这种影响会抑制或刺激消费者的购买行为，对电商小微企业的经营造成影响，因此评论中所蕴含的信息会间接影响企业信用水平的高低，可以作为电商小微企业信用风险预警指标的一部分。

电商小微企业本质上属于个体卖家，对其进行信用评价与对个人信用评价有异曲同工之处。当今时代背景下，互联网的普及和消费评价信息的公开为数据的实时获取提供了广阔渠道，Li 和 Qiao（2016）[127] 认为网络中的大数据可以替代传统 5C 要素所蕴含的各项指标。Cai 等（2018）[31] 在考量大数据动态信息的基础上，延展传统 5C 要素内涵，将"行为"和"社交"作为"担保"和"环境"的替代要素全面反映个人信用状态。在引入 Bourdieu（1979）[128] 对个人资本解释的同时，考虑电商小微企业本身特质，本书将店铺的文化资本、经济资本、社会口碑资本对应覆盖 Cai 等（2018）所提出的5C 新演绎中的各项要素，因此在构建电商平台小微企业信用风险预警指标体系时，主要考虑店铺文化资本、经济资本与社会口碑资本三大方面。其中，文化资本主要覆盖店铺历史积累的资质，包括店铺的基础信用、业务能力；经济资本主要包括店铺在交易过程中的经营状况、物流保障等数据，整体反映该店铺的支付能力、财务状况等可能还款的背景；社会口碑资本主要通过顾客购物体验的整体评价来映射店铺所累积的社会口碑。由此梳理出电商小微企业信用风险指标体系的理论框架，如图 4-1 所示。

以上述理论为基础，本书梳理大量文献，初步提出适合电商平台小微店铺的信用风险预警指标体系一级指标框架，如图 4-2 所示，包括店铺资质风险、店铺经营风险、店铺口碑风险三大方面。

传统5C要素	转型5C要素	归纳概括	一级指标	指标构成

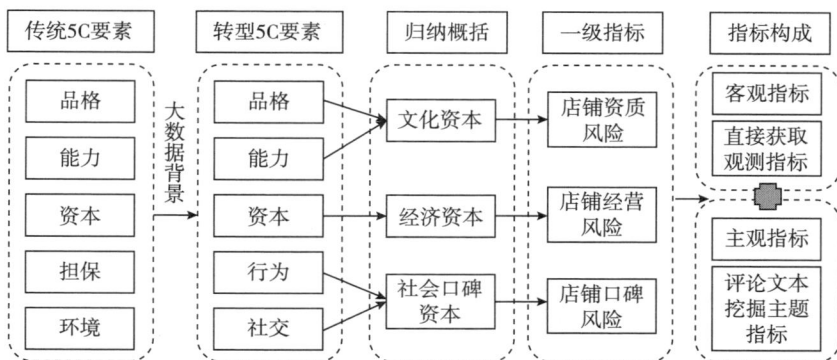

图 4-1　电商小微企业信用风险预警指标理论框架构建

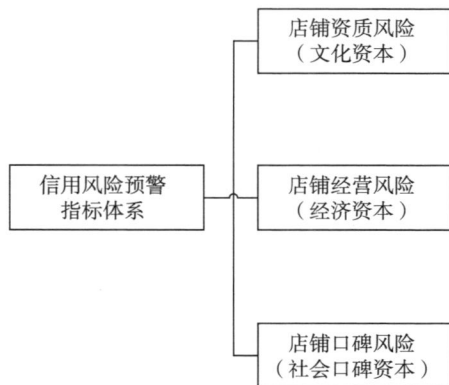

图 4-2　电商小微企业信用风险预警指标体系一级指标架构

第二节　基于主、客观维度的信用风险预警指标的构建

一、基于归纳整理的客观维度指标

先通过查阅文献、归纳总结，初步对各一级指标进行梳理细化，得到划

分的二级指标，对店铺资质风险的客观指标进行细化如表4-1所示，共包含7个二级指标，表4-1中注明了各二级指标、各指标的支撑文献以及各指标的类型。

表 4-1 店铺资质风险客观指标

一级指标	二级指标	指标类型	支撑文献
店铺资质风险	创店年限（A1）	定量	蒋建洪等（2011）[129]；虞越（2016）[116]；许启发等（2017）[130]；李超（2018）[131]；程研秋等（2019）[132]；李怀栋（2019）[133]；何佳晓和王胜（2020）[134]
	售卖规模（A2）	定量	蒋建洪等（2011）[129]；刘景艳（2016）[135]；李怀栋（2019）[133]
	信用评级（A3）	定性	李怀栋（2019）[133]；王学东等（2013）[117]；许启发等（2017）[130]；蒋建洪等（2011）[129]；李超（2018）[131]；郭静（2019）[136]；刘景艳（2016）[135]；鞠彦辉等（2018）[137]
	信息披露风险（A4）	定性	何佳晓和王胜（2020）[134]
	服务态度（A5）	定量	许启发等（2017）[130]；李怀栋（2019）[133]
	组织管理风险（A6）	定量	李怀栋（2019）[133]
	产品保质能力（A7）	定量	何佳晓和王胜（2020）[134]；李怀栋（2019）[133]；张朝辉等（2020）[138]；许启发等（2017）[130]；李超（2018）[131]

在店铺资质风险中，创店年限是指店铺成立经营至今的年限，反映店铺经营积累的成就。创店年限越长，其信用风险相对越低。

售卖规模是指店铺中所售商品的数量，反映淘宝店铺的实力大小，售卖规模越大，说明店铺实力更为雄厚、更为消费者所青睐，其信用风险越低。

信用评级是指淘宝平台通过简单的累计信用评估模型对其平台上的店铺进行的信用评级，主要分为心、钻、蓝冠、皇冠4个大等级下各5个小等级共20个信用评级，反映了店铺的信誉度，一般来说信用评级级别越高，店铺产生信用风险的可能性越小。

信息披露风险是指店铺内商品信息的透明程度，即店铺对店内商品的产地、品牌、品类、包装方式、厂家信息等信息披露得是否详尽，披露的产品信息越多，产品信息的透明度越高，经营信息的可信度越高，信用风险越低。

服务态度是指消费者对店铺服务态度的客观评分风险，服务态度评分越高，在一定程度上反映该店铺的服务质量越好，信用风险越低。

组织管理风险用商品的更新速度来表示，同一行业店铺商品的更新速度反映了该店铺的组织管理能力，反映了店铺的组织管理是否具有可持续发展性。

产品保质能力是指店铺内售卖的产品是否可以保证质量，即产品的描述相符度如何，描述相符度越高，店铺产品的质量更可信，店铺产生信用风险的可能性越小。

对店铺经营风险的客观指标进行细化如表4-2所示，一级指标下设10个二级指标，表4-2中标注了各二级指标类型及各指标的支撑文献。

表4-2　店铺经营风险客观指标

一级指标	二级指标	指标类型	支撑文献
店铺经营风险	经营能力风险（B1）	定量	刘景艳（2016）[135]；李怀栋（2019）[133]；马德清和李怡（2020）[139]；王学东等（2013）[117]；虞越（2016）[116]；李超（2018）[131]
	持续经营风险（B2）	定量	许启发等（2017）[130]；王俊峰和吴海洋（2014）[140]
	经营活跃度（B3）	定量	李怀栋（2019）[133]；王学东等（2013）[117]；陈鑫铭和冯艳（2009）[141]
	成长风险（B4）	定量	王俊峰和吴海洋（2014）[140]
	定价风险（B5）	定量	何佳晓和王胜（2020）[134]；张朝辉等（2020）[138]
	交易支付风险（B6）	定性	陈鑫铭和冯艳（2009）[141]；李怀栋（2019）[133]；何佳晓和王胜（2020）[134]；王学东等（2013）[117]

续表

一级指标	二级指标	指标类型	支撑文献
店铺经营风险	交易失败风险（B7）	定量	刘景艳（2016）[135]；虞越（2016）[116]；李超（2018）[131]
	店铺保障能力（B8）	定性	何佳晓和王胜（2020）[134]；张朝辉等（2020）[138]；李超（2018）[131]
	店铺履约能力（B9）	定量	张朝辉等（2020）[138]
	物流质量风险（B10）	定量	李怀栋（2019）[133]；王学东等（2013）[117]；许启发等（2017）[130]；蒋建洪等（2011）[129]

在店铺经营风险中，经营能力风险用店铺的 t 期交易额除该行业 t 期的交易额得到的相对值来表示，该相对值一定程度上反映店铺在行业中经营地位的高低，相对值排名越靠前说明店铺产生信用风险的可能性越小。

持续经营风险用交易成功订单数量来表示，高流水是店铺开展电子商务业务的目的之一，该指标在一定程度上展示了店铺线上经营值得信赖的程度，交易成功的订单越多，买家数越多，企业信赖度越高，表明店铺线上经营的能力越强，信用风险越低。

经营活跃度用交易频度来表示：[t 期交易成功订单数量-(t-1)期交易成功订单数量]/(t-1)期交易成功订单数量，体现店铺一期内交易成功订单的增长率。

成长风险用营业收入增长率来表示，公式可表示为：[t 期交易额-(t-1)期交易额]/(t-1)期交易额，以此来衡量店铺的成长能力，成长能力越强，企业信用风险越低。

定价风险主要是看店铺商品价格的合理程度，用主要产品价格除以行业平均价格，以此来检验店铺产品定价是否合理、真实、准确、无误导，一定程度上能体现店铺的信誉水平。

　　交易支付风险指店铺交易付款方式是否合法、标示清晰。合法、公认的付款方式有助于保证店铺信用水平。

　　交易失败风险的计算公式为：（交易订单总数−交易成功订单数）/交易订单总数，该指标反映了店铺已达成交易协议但未形成交易实际行为的风险。

　　店铺保障能力用店铺承诺服务项数来表示，店铺承诺为买家提供的服务包括 7 天无理由、坏单包赔、订单险等，承诺的服务项数越多，店铺的信用风险就越低。

　　店铺履约能力通过店铺保证金总额反映，店铺向平台缴纳足额的保证金，在店铺与消费者发生交易纠纷时，淘宝平台可以第一时间用保证金保障消费者权益。保证金总额越高，店铺存在的信用风险越低。

　　物流质量风险是指消费者对店铺物流服务的评分，店铺的物流服务评分越高，说明店铺的物流服务质量越高，信用风险越低。

　　对店铺口碑风险的客观指标进行细化如表4-3所示，一级指标店铺口碑风险下设 4 个二级指标，表4-3 中标注各二级指标类型及各指标的支撑文献。

表4-3　店铺口碑风险客观指标

一级指标	二级指标	指标类型	支撑文献
店铺口碑风险	顾客认同度（C1）	定量	王宸圆等（2016）[142]；李怀栋（2019）[133]；李超（2018）[131]；郭静（2019）[136]
	顾客售后参与度（C2）	定量	李怀栋（2019）[133]
	口碑累积（C3）	定量	李怀栋（2019）[133]
	关注度（C4）	定量	李怀栋（2019）[133]；蒋建洪等（2011）[129]

　　在店铺口碑风险中，顾客认同度是指顾客在淘宝店铺消费后对店铺服务的综合好评率，好评率越高，口碑越好，店铺产生信用风险的可能性越小。顾客售后参与度是指顾客有效评论总数/顾客评论总数，以此来衡量顾客消费

后与店铺的有效互动，顾客的售后参与度越高，说明对店铺越认可，相应的店铺信用风险越低。店铺的口碑累积解释为评论数量的累积，关注度解释为消费者对店铺的关注数。

二、基于文本挖掘的主观维度指标

想要获取主观维度的信用风险预警指标，首先需要收集在线评论构建初始语料库。其次通过数据预处理剔除噪声文本，包括带有刻意赞扬及恶意中伤色彩的评论、疑似广告的评论、完全复制粘贴的评论，以及与商品毫不相关的评论，构建研究的基础语料库。最后对语料库进行文本挖掘，明确消费者网络购物时关注点，将这些关注点作为主观维度的预警指标。主题挖掘的研究思路如图 4-3 所示。

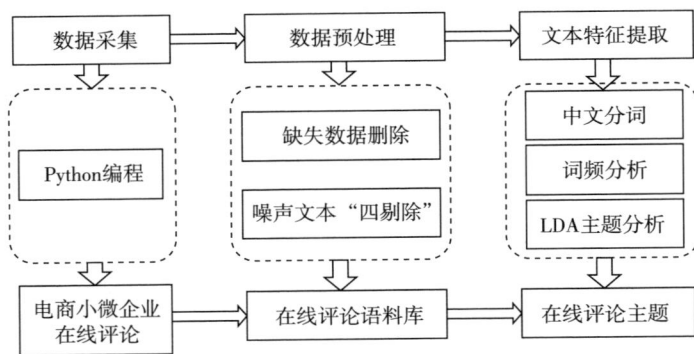

图 4-3　主题挖掘的研究思路

（一）样本数据采集与处理

根据上文关于电商小微企业信用风险影响因素分析得到的指标，采集的数据特质划分为两种——结构数据与非结构化数据，本部分主要用到的是消费者在线评论内容这一部分非结构化数据。本书将目标样本确定为淘宝平台上生鲜行业小微店铺，运用 Python 编程采集数据，于 2021 年 7 月 31 日共爬取 1000 个店铺样本数据，初步对所获取的数据进行筛选、剔除重复样本、剔除数据空缺过多的样本，获得共计 822 个样本，基本覆盖淘宝平台上生鲜行业所有小微店铺。

收集数据后首先对在线评论文本进行处理，以初步建立信用风险预警指标体系。根据评论数据可以直观看出，淘宝平台上消费者在线评论数据量大，但是存在严重的缺陷——评论文本中充斥着大量无用评论和虚假评论，同时自由、开放的在线评论平台也导致文本中符号复杂、信息冗余、信息口语化。这些问题导致淘宝平台上展示的评论数据必须要运用人工与软件处理相结合的方式对所获取的评论数据进行筛选、过滤、清洗，才能保证评论文本的数据质量。基于上述考虑，本书共获取了 822 家店铺的 41753 条评论数据，对原始文本数据进行初步识别，发现其中存在大量噪声，包括无效无关评论、重复评论、系统自动评论、信息量较少评论，直接对未清洗的原始数据进行挖掘分析会影响后续研究精度，因此本书秉承"四剔除"原则，剔除明显刻意的褒奖及恶意中伤的评论、剔除带有广告嫌疑的评论、剔除复制粘贴的相似评论、剔除与商品毫不相关的评论，对原始文本数据进行处理：删除系统自动评论、去除重复评论、人工剔除无关评论、筛去过短无实际分析意义的评论等。经上述一系列处理后，本书共筛选出淘宝生鲜行业店铺 822 家，共获取在线评论 33756 条。

（二）消费者在线评论文本特征提取

（1）分词处理。对消费者在线评论文本特征提取最基础也是最重要的一步，就是对原始评论文本进行分词处理，提取文本库中蕴含的关键信息。一般来说，高频词语反映了该词在文段中被重点关注，即消费者对于该词所突出的属性更为关注。

Jieba 词库稳居中文分词领域研究首位，不仅效率高、准确率高，还同时支持精确、全模式、搜索引擎三种不同的分词模式，极大地提高了研究的灵活性与便捷性。但 Jieba 分词也有其局限性：一是 Jieba 内置词典不够完整，会对分词结果产生影响。本书以在电商小微企业购买商品的消费者在线评论为对象进行分词，该研究对象使得这种弊端更为突出，仅使用内置词典进行分词效果不理想。二是目前 Jieba 词库适配的停用词表缺乏普适性。本书调用 Python 编程中的 Jieba 库进行分词，根据样本实际情况自主构建可用于电商小微企业消费者在线评论文本分词的自定义词典，将其引入分词引擎以提高分词的准确率；整合研究常用的哈工大停用词表、百度停用词表，同时结合在线评论语言规律进行人工筛选、增补，自建符合淘宝店铺消费者在线评论语言风格的停用词表。

（2）基于词频的在线评论文本特征辨析。文本挖掘相关研究的基本问题之一，就是对相关文本进行特征选取。经引入自定义词典、调用停用词表后的 Jieba 分词处理，初步得到在线评论准确的分词结果及相应词频统计情况，词频在一定程度上表明该词在文段中的重要程度，体现消费者关注点，具有一定的文段特征代表性，需对高频词进行初步分析。从分词结果中截取词频大于 50 次的高频词 724 个；同时人工对相似分词做同义转换并进行合并处理，使得最后的词频结果更为简洁、更便于分析、更具有代表性，能够更为准确地提取电商小微企业信用风险影响因素。Jieba 分词与人工筛选相结合，共挑选高频词（词频大于 50 次）592 个，为进一步直观展示消费者在电商小微企业购物过程中所关注的重点，本书绘制词频 Top50 词云图，直观可视化为图 4-4，这些词中不仅包括描述产品的品质、口感、味道、价格，物流的速度、保障，客服的态度等的主观形容词，还包括描述消费者满意度、回购意愿的情感倾向名词以及相应的程度副词，初步反映在线评论文本语料构成。

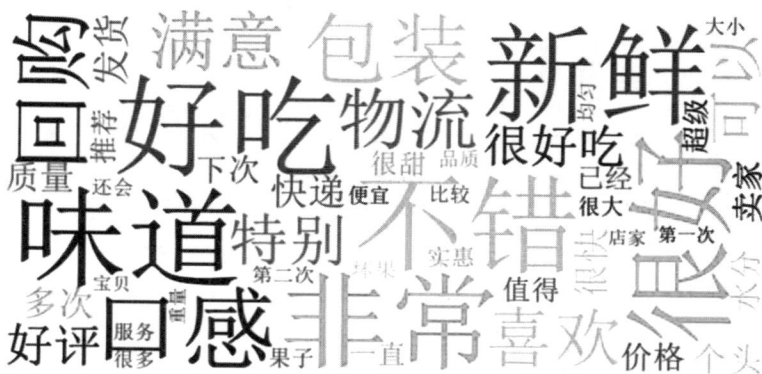

图 4-4　词频 Top50 词云图

在初步明确文本语料构成框架后，对 Top20 高频词进行分析，如图 4-5 所示，其中新鲜、好吃、味道、口感、个头、质量等关键词体现了消费者对产品品质的关注评价；包装、物流、快递、发货、卖家等关键词体现了消费者对店铺的包装物流及客户服务的关注评价；价格则体现了消费者对于产品价值价格的关注；不错、非常、回购、喜欢、满意、好评等情感倾向词汇表明消费者的购物体验、购物评价、回购意愿；很好、很快等程度副词多次出现，侧面印证了程度副词在评论文本挖掘过程中占据一定地位。结合词云分析初步推断出，影响店铺社会口碑风险的主要因素可以分为 4 类，包括产品质量、店铺服务、物流包装、性价比。

（3）基于 LDA 主题模型的在线评论文本主题凝练。通过对文本特征词的提取和初步分析，粗略找出影响消费者在该店铺购物倾向的几大因素，但暂未深入挖掘在线评论内容的语义，数量庞大的在线评论致使众多节点相互连

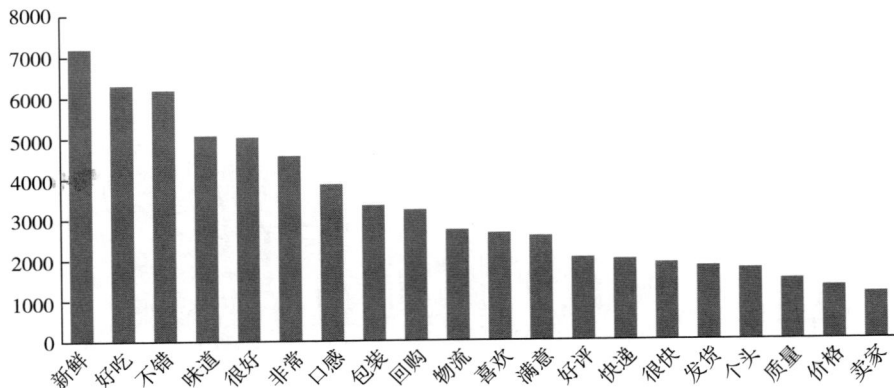

图 4-5　Top20 词频统计

接、文本内主要特征相互交织、难以直观辨别主题分类，这就需要一种方法对整体评论文本数据进行主题分类，提取主题关键词，挖掘评价文本中最关键的主题，找寻消费者在淘宝店铺购物时最为注重的话题，将这些评论的话题作为主观指标。这些指标在一定程度上反映了消费者在消费过程中的主观情感，同时会对后来消费者的购买意愿产生影响，从而反映淘宝店铺潜在信用风险。

　　LDA 主题模型作为一大语义挖掘的利器在文本挖掘领域广泛应用，LDA 主题模型认为一篇文档的结构包含词汇、主题、文档三层，文档是由多主题混合组成，每个主题又是由服从一定概率分布的主题词构建而成。由此采用词袋库的思想，首先按主题分布挖掘主题类别，其次根据词分布甄选词语，最后将该过程逆转以得到主题集合以及与主题密切相关的主题词集。本书依据经验设置 LDA 主题模型参数，确定最优主题数 k 为 5，α 取 50/k，β 取固定值 0.01，利用 Python 编码构建 LDA 主题模型，每个主题提取 10 个特征词，输出主题、特征词、权重如表 4-4 所示。

表 4-4 LDA 主题分析关键词及其权重

主题一		主题二		主题三		主题四		主题五	
特征词	权重	特征词	权重	特征词	权重	特征词	权重	特征词	权重
味道	0.370	很好吃	0.179	包装	0.064	好吃	0.289	回购	0.239
一次	0.055	特别	0.151	快递	0.052	非常	0.187	质量	0.108
一如既往	0.044	性价比	0.100	很快	0.045	服务	0.129	态度	0.058
评价	0.032	实惠	0.091	可以	0.042	多次	0.071	还会	0.053
到货	0.031	很多	0.042	就是	0.032	第二次	0.037	很多	0.050
挺好吃	0.030	打开	0.036	冰袋	0.019	宝贝	0.033	购物	0.038
正宗	0.025	美味	0.034	干净	0.018	比较	0.031	放心	0.036
几次	0.023	大家	0.032	发货	0.018	态度	0.019	下单	0.036
划算	0.020	实在	0.019	一如既往	0.015	服务态度	0.018	看着	0.035
顾客	0.019	多个	0.017	速度	0.014	一般	0.017	很棒	0.019

对表 4-4 中各主题的特征词进行分析、归纳、凝练、总结。主题一凸显了消费者对产品品质的关注，主要涉及特征词包括："味道"占主题一权重为 0.370，"正宗"占主题一权重为 0.025，表明消费者在对生鲜行业店铺的产品进行评价时更为关注产品的口感、味道、质量、是否正宗；主题二主要强调了消费者对产品价格、价值、性价比的重视和关注，其中"性价比""实惠"等特征词占主题二权重较大；主题三突出了消费者对淘宝店铺提供的快递服务、包装质量、配套保障的重视，其中比重较高的特征词包括"包装""快递""冰袋""速度"等，体现出消费者对生鲜行业店铺物流服务评价时主要注重包装好坏、相关物流配套保障是否到位，是否采取放置冰袋、干冰等保鲜手段，发货时效性等；主题四和主题五主要涉及消费者对店铺所提供服务以及服务态度的关注。

综合上述五个主题及相对应的特征词可以总结出，消费者在店铺购物时最关注产品品质、店铺服务、物流包装、性价比四个问题，这也是消费者在公开平台上发表的在线评论涵盖的重点，即在消费过程中，消费者的关注点主要集中在产品品质、店铺服务、物流包装、性价比四个方面，新的消费者根据这些积累的主观情感直接或间接地做出是否选择该店铺消费的决策，这些决策会对店铺的信用风险产生影响。

（三）电商小微企业信用风险指标体系

通过上文对在线评论进行文本挖掘提炼出4个主观指标，分别为产品品质评论情感、物流包装评价情感、性价比评价情感、店铺服务评价情感。其中产品品质评论情感是在主观维度反映消费者对店铺产品品质的评价，若该指标为正，则说明消费者对店铺的产品品质情感评价为积极，值越高积极情感越强烈，若指标为负则恰相反，代表消极的情感评价，绝对值越高消极情感越强烈；物流包装评价情感与性价比评价情感两个指标分别在消费者的主观维度反映店铺物流服务、定价合理性等相关问题，作为主观指标在一定程度上反映了店铺的经营风险，若指标为正，则说明消费者对店铺的物流包装评价情感、性价比评价情感为积极情感，该值越高积极情感越强烈，若指标为负则恰相反，代表消极的情感评价，绝对值越高消极情感越强烈，积极情感越强烈说明店铺的信用风险发生的可能性越低，消极情感越强烈表明店铺越容易发生信用风险；店铺服务评价情感在消费者的主观维度反映店铺服务相关问题，体现了店铺在消费者间的感性社会口碑，若指标为正，则说明消费者对店铺服务的评价为积极情感，该值越高积极情感越强烈，若指标为负则恰相反。

产品品质评论情感主要反映店铺产品的质量，可以归属于店铺资质风险，物流包装评价情感与性价比评价情感主要涉及店铺经营过程中所面临的系列问题，可以归属于店铺经营风险，店铺服务评价情感主要映射店铺在消费者群体中的口碑，可以归属于店铺口碑风险。由此构建完整电商小微企业信用风险预警指标体系，并列出每个指标的描述，如表4-5所示。

表 4-5 基于主客观维度的电商小微企业信用风险预警指标体系

一级指标	二级指标	指标描述	指标类型
店铺资质风险（A）	创店年限（A1）	店铺从成立到现在运营的时间，店铺创店年限反映店铺经营积累的一定成就	定量
	售卖规模（A2）	店铺内销售商品的种类，一定程度反映企业的实力大小	定量
	信用评级（A3）	淘宝平台通过累计信用评估模型对店铺的信用评级，一定程度上表明店铺的信誉度	定性
	信息披露风险（A4）	店铺对产品的产地、品牌、品类、包装方式、厂家信息等信息披露的程度，披露的产品信息越多，产品信息透明度越高，经营信息的可信度越高，信用风险越低	定性
	服务态度（A5）	消费者对店铺客服服务态度的评价情况，服务态度评分越高，信用风险越低	定量
	组织管理风险（A6）	每月更新商品数量。同一行业店铺商品更新的速度一定程度上反映了店铺的组织管理风险，反映店铺是否具有可持续发展能力	定量
	产品保质能力（A7）	消费者对货物与描述相符与否的评价情况，描述相符度越高，一定程度上反映该店铺产品质量越可信，信用风险越低	定量
	产品品质评价情感（A8）	文本挖掘获取，产品品质评价情感越积极，店铺信用风险越低	定性
店铺经营风险（B）	经营能力风险（B1）	店铺主营业务收入的相对值一定程度上能够反映店铺在行业中的地位高低、能力大小	定量
	持续经营风险（B2）	一段时期内店铺商品详细首页的交易成功订单数，订单越多、买家越多、企业信赖度越高，表明店铺持续经营的能力越强，经营风险越低	定量
	经营活跃度（B3）	每期新增交易成功订单数增长率越高，近期交易频繁的卖家信用风险越低	定量
	成长风险（B4）	店铺主营业务收入增长率越高，店铺的成长能力越强	定量
	定价风险（B5）	主要商品价格/行业平均价格，店铺产品定价的合理程度反映店铺定价是否真实、准确、无误导，一定程度上能体现店铺的信誉水平	定量

续表

一级指标	二级指标	指标描述	指标类型
店铺经营风险（B）	交易支付风险（B6）	付款方式合法、标示清晰一定程度上能反映店铺经营信息可信度，降低企业信用风险	定性
	交易失败风险（B7）	体现消费者对交易的认可程度，一定程度表明企业的经营风险大小	定量
	店铺保障能力（B8）	店铺承诺买家提供的服务项数，包括7天无理由、坏单包赔、订单险等，承诺的服务项数越多，店铺的信用风险就越低	定性
	店铺履约能力（B9）	店铺缴纳足额的保证金，淘宝平台通过保证金来保障消费者权益，保证金总额越高，店铺存在的信用风险越低	定量
	物流质量风险（B10）	消费者对店铺物流服务的评价情况，评分越高，一定程度上反映该店铺物流服务质量越好，信用风险越低	定量
	物流包装评价情感（B11）	文本挖掘获取，物流包装评价情感越积极，店铺信用风险越低	定性
	性价比评价情感（B12）	文本挖掘获取，性价比评价情感越积极，店铺信用风险越低	定性
店铺口碑风险（C）	顾客认同（C1）	消费者对该店铺满意情况的评分，一定程度上反映店铺口碑好坏，反映店铺在消费者心中的地位	定量
	顾客售后参与度（C2）	客户购买店铺商品后在商品下的有效互动，客户参与度越高，店铺信用风险越低	定量
	口碑累积（C3）	评论数量和商品关注度对销量有显著影响	定量
	关注度（C4）	店铺的收藏数表现了消费者对于店铺的关注度，会对潜在消费者的购买行为、信任产生影响，进而影响店铺的信用风险。关注度越高信用风险越小	定量
	店铺服务评价情感（C5）	文本挖掘获取，店铺服务评价情感越积极，店铺信用风险越低	定性

指标体系加入主观情感指标，拓展原有指标体系的维度，一方面，全方位获取店铺在平台上的店铺资质信息、经营信息、口碑信息；另一方面，通过店铺的公开在线评论，获取平台上已累积形成的消费者主观偏好、喜恶等

主观信息，双管齐下构建多维度指标体系，实现对电商平台店铺信用风险的衡量。

三、客观维度信用风险预警指标的处理

客观维度中的定量指标包含创店年限、售卖规模、服务态度、组织管理风险、产品保质能力、经营能力风险、持续经营风险、经营活跃度、成长风险、定价风险、交易失败风险、店铺履约能力、物流质量风险、顾客认同度、顾客售后参与度、口碑累积、关注度 17 个定量指标，这些指标可以准确数量定义并精确衡量，主要运用 Selenium 模块抓取淘宝店铺相关数据，对这些数据进行二次计算获得，其中产品保质能力、服务态度、物流质量风险三个指标的观测点分别是店铺的描述相符、服务态度、物流速度，这三个指标之间差异极小，为了区分，本书采用高出同行业百分比的数据替代，高出同行业记正值，反之记负值。

客观维度中的定性指标包括信用评级、信息披露风险、交易支付风险、店铺保障能力 4 个指标，这些指标直接获取后不能直接量化，需进一步做定量化处理。评级风险：依据淘宝店铺上 20 个层级的信用度，将其分值量化在（0，20）区间内，一颗红心赋 1 分，两颗红心赋 2 分……四个皇冠赋 19 分，五个皇冠赋 20 分。信息披露风险：收集每个店铺提供的商品披露详情的条数，披露一条则累加 1 分，分值越高说明店铺披露的商品信息越详尽、越可靠。交易支付风险：同样收集店铺的支持付款方式，一种方式累加 1 分。店铺保障风险：收集卖家承诺服务项数，一项累加 1 分，从而将全部定性指标定量化，以数值的形式表示，方便后续处理。

四、主观维度信用风险预警指标的量化情感分析

对于主观维度指标来说，在挖掘在线文本中蕴含主题后，需进一步对具

有情感偏向的主观指标进行量化处理，本书主要采用情感分析方法，通过建立情感词典，为每个主观指标进行情感量化分析。

情感分析是隶属于自然语言处理的研究方向之一，常用于在社交媒体、网站上发布的海量在线评论中提取评论者的情绪、态度等（Zhang et al.，2018）[143]。通过考虑正向情感和负向情感两种情感极性，对目标语料中关于某主题的情感倾向进行打分赋值，能够分析、归纳、量化带有情感色彩的主观性文本，作为进一步分析的基础（Pang and Lee，2008）[144]。本书需对淘宝店铺在线评论中挖掘出的四个主题进行量化，应用情感分析分别对四个主题量化分析，主要采用词典情感分析法。

词典情感分析法作为一种基于正负情感词数的非监督评价方法被广泛应用，主要以情感词典为标尺，统计目标文本所包含的正负极性情感词的数量，同时对不同程度副词差异赋值，从而实现整个文本情感极性判断，得到情感量化分值。在该方法中得出的最终结果受到情感词典的精准度、适用度以及覆盖范围的影响，同时受到其他程度词的影响，因此除了契合研究主题的情感词典，程度副词词典也起着至关重要的作用。考虑到本书需针对评论中产品品质、店铺服务、物流包装、性价比四种主题进行情感量化，因此在建立情感词典的过程中需注意对不同主题的情感特征进行分类，故此既需要建立总体情感词典（即不带有主题倾向的情感词典），又需要分主题建立特征情感词典（即带有主题倾向的情感词典）。词典情感分析思路如图 4-6 所示。

（一）情感词典的构建

本书选用目前情感分析领域最常应用的知网 Hownet 情感词典，该词典是知网知识系统的根基，其最新发布的 beta 版语集含中文正面词语 3730 个、负面词语 3116 个，正面情感词 836 个、负面情感词 1254 个以及程度副词词语

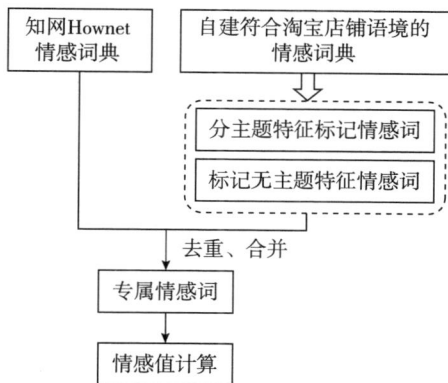

图 4-6　词典情感分析思路

219 个，基本涵盖日常用语情感表达。但该词典依旧存在情感表达过于泛化、适用性弱、难以普适于特定领域等缺点（易剑波，2017）[145]。淘宝在线评论语言具有互联网评论场景化、口语化、随机性、短洁性、活泼性等特点，因此需要更有针对性的情感词库。本书在知网 Hownet 情感词典的基础上自建词库，对分词后的样本语料库进行人工情感标注，同时参考已有研究划分整理出两个情感词库——一是带有产品品质、店铺服务、物流包装、性价比四个主题明显特色的特征情感词库；二是普遍适用的无主题情感词库，带主题特色的情感特征词库展示部分词库如表 4-6 所示。每个主题的情感特征词划分为积极情感和消极情感两种，参考邓东（2019）[146] 的研究，情感倾向强度的表示范围受概率表示的约束，固定在（-1，1），为积极情感特征词赋 1分、消极情感特征词赋-1 分。

表 4-6　分主题特征情感词典（部分）

类别	情感	情感特征词	分值
产品品质	积极	饱满、分量足、正宗、干净、可口、美味、纯正、诱人、鲜活、真材实料……	1
	消极	坏、烂、难吃、臭、涩、霉、变质、怪味、假货、过期、以次充好……	-1

续表

类别	情感	情感特征词	分值
店铺服务	积极	回复快、用心、良心、信赖、诚信、热情、贴心、服务到位、有问必答……	1
	消极	不理、投诉、不负责任、敷衍……	-1
物流包装	积极	严实、密封、里三层外三层、没化、送货上门、迅速、快、快捷、提前……	1
	消极	压扁、摔坏、破、破损、磕、磕碰、磕坏、久、慢……	-1
性价比	积极	经济、实惠、便宜、划算、物美价廉、物有所值、物超所值……	1
	消极	小贵、偏贵、贪便宜……	-1

无主题的部分情感词库如表 4-7 所示，该词典主要涵盖在线评论中没有明显主题特征的情感词，参考已有研究和资料，将积极情感词分值设置为 1 分，消极情感词分值设置为 -1 分。

表 4-7 无主题情感词典（部分）

情感	情感词	分值
积极（pos）	方便、完美、赞、迫不及待、愉快、推荐、回购、复购、满足、杠杠、大爱、惊艳……	1
消极（neg）	差劲、恶心、慎重、忽悠、自认倒霉、一言难尽、尴尬、差远了、套路、乱七八糟……	-1

经过整理得到符合淘宝评论用语的情感词，将其自定义加入 Hownet 情感词典，形成本书自建的，具有精准性、适用性且覆盖全面的全新情感词典。

（二）程度副词词典的构建

在情感值计算的过程中，除了需要辨别情感词的极性倾向外，还需要考虑极性倾向的程度，衡量倾向程度主要依靠程度副词来实现。程度副词反映语义的倾向程度，会对整个文档的情感定量化产生举足轻重的作用，比如评论"这家的苹果超级可口"和"这家的苹果很可口"，其中"可口"是带有产品品质主题的积极情感特征词，而在两句话中修饰这个情感词的程度副词分别是"超级"和"很"，两个词的修饰使得"可口"原本的情感倾向程度发生了变化，前者明显比后者情感更为强烈，因此在打分赋值时，应赋予更高的权值。负面评论也是如此，如"客服回消息太慢"和"客服回消息有点慢"，其中"慢"是消极情感特征词，"太"和"有点"在两段文本中分别做程度副词，经修饰，前者情感程度明显强于后者。由此可见，为了准确量化文本的情感倾向，必须要对不同层级的程度副词做权值调整。本书以知网Hownet 程度副词词典为基础，综合其程度级别划分，结合淘宝店铺在线评论非正式语言特征，主要将程度副词划分成最（most）、较（more）、稍微（ish）三个程度级别，并结合已有研究依次赋予 3、2、1 的权值（马凤才和李春月，2020）[147]，如表 4-8 所示。

表 4-8　程度副词库及权值展示（部分）

程度级别	程度副词	权值大小
most	非常、特、特别、完全、不得了、绝、绝顶、绝对、最、万般……	3
more	较、比较、更、更加、愈、越、几乎、大量、蛮……	2
ish	稍、稍微、略、略微、多多少少、还好、微微、一丝丝、还可以	1

（三）否定词典的构建

与程度副词类似，否定词也是用来修饰情感词的，其本身难以表现何种情感倾向，但在评论中起着翻转情感词原本情感倾向的作用。如在评论中"苹果很好吃"和"苹果很不好吃"，否定词"不"将评论极性完全反转，由积极转为消极；"价格很贵"和"价格不是很贵"，否定词"不是"将评论极性由消极转为积极。关于否定词，现有研究并未提出统一词库，本书通过收集相关文献和资料，自定义适用于淘宝店铺在线评论的否定词词典，主要包括不、不要、不必、不是、不可、不能、无、毫无、非、莫、勿、未、从未、难、难以等（部分）。

至此，本书构建好了情感词典、程度副词词典和否定词词典，其中情感词典包括主题特征情感词典和无主题情感词典。

（四）主观指标的量化情感分析

在建好三大词典的基础上设计情感值计算规则，对每个店铺的评论文本进行情感量化。需要先明确分主题依次进行处理，以"产品品质"主题为例梳理情感值计算的原理步骤，该算法设计通过 Python3.8 实现。

（1）输入整理好的无主题情感词典与具有"产品品质"特征的主题情感词典，对前文中无用文本剔除、特殊符号删减、去停用词、分词处理后得到的语料库进行积极情感和消极情感的标记。

（2）输入程度副词词典，以前步骤标记好的情感词为中心，围绕其前后 1~2 个词搜索有无作修饰作用的程度副词，如果有则运用赫夫曼二叉树，加权路径最小，判断程度词所属层级，根据上文设置的权值赋值。

（3）输入否定词典，以前步骤标记好的情感词为中心，前后搜寻有无修饰作用的否定词，原理同程度副词的搜寻。

（4）计算每个文档（每个店铺）中整体评论得分。综合输出该文档的情感得分，该得分作为该店铺在线评论中评论者关于"产品品质"的评论情感量化值，得分为正则代表情感积极，正向得分越高表明积极情感越强烈；得分为负则代表情感消极，负向得分的绝对值越高表明消极情感越强烈。

（5）"店铺服务""物流包装""性价比"三个主题依次重复上步骤，依次得到评论者的评价情感量化评分。

通过上述步骤分别量化每个店铺中"产品品质""店铺服务""物流包装""性价比"四个主题的情感分值。

第三节　基于随机森林的信用风险指标体系优化

一、基于随机森林筛选特征

运用随机森林特征筛选的原理对上文选取的 25 个反映电商小微企业信用风险的指标进行筛选、输出重要程度、赋权。

（一）特征变量重要程度的输出与特征筛选

本书运用 Python 调包输出各指标重要程度，即风险特征重要程度如图 4-7 所示。

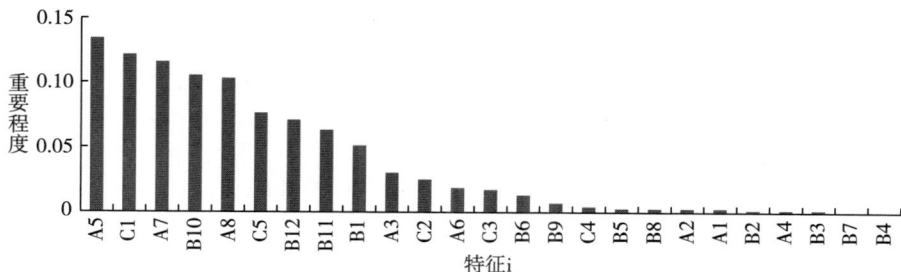

图 4-7　电商小微企业信用风险特征重要程度排序

由图 4-7 可以看出，重要程度排名前五的特征变量为店铺的服务态度（A5）、顾客认同（C1）、产品保质能力（A7）、物流质量风险（B10）、产品品质评价情感（A8），重要程度值分别为 0.135313、0.12182、0.11703、0.106987、0.103985；而特征值成长风险（B4）的重要程度近似为 0，基本可以断定该特征值对整个指标体系的贡献度为 0，可以剔除。

初步构建的指标体系共涉及 25 个特征变量，覆盖范围较为全面，但易出现数据冗余，反而使得构建的模型精度大幅下降，因此构建指标体系时有必要筛选出贡献较大的特征变量。本书以袋外错误率（OOB err）为标尺筛选指标，输出特征变量个数与 OOB err 的关系如图 4-8 所示，总体来看 OOB err 随特征变量个数的增加首先呈现波动下降的趋势，当特征变量个数超过一定值时呈现波动上升的趋势，因此对特征变量进行筛选时，应该在遵循指标体系构建的四大基本原则基础上，确保 OOB err 尽量小。根据图 4-8 可知，当特征变量的个数取值为 12 时，OOB err 最低，为 2.3%，但考虑到变量选取的全面性原则，取 12 个指标并不合理，不能全面涵盖各指标，且不具有覆盖性、代表性；而当特征变量数为 21 时，OOB err 次低，为 2.8%，符合指标体系构建的全面性原则的同时，保证了模型迭代的 OOB err 最低。从初始 25 个指标中筛选出重要程度靠前的 21 个指标。经过变量筛选后信息披露风险（A4）、经营活跃度（B3）、交易失败风险（B7）、成长风险（B4）四个二级指标被剔除，不再作为电商小微企业信用风险评价指标体系输入。

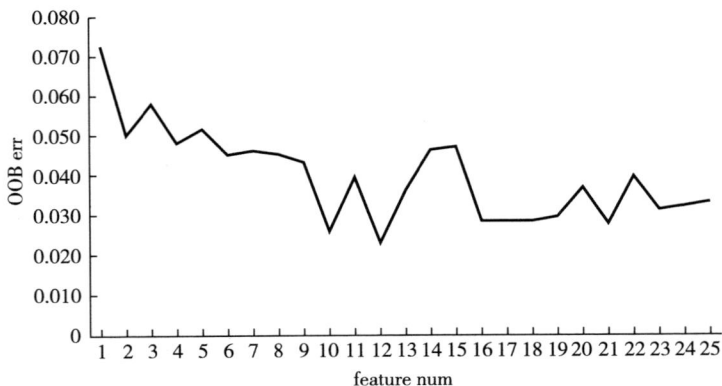

图 4-8　特征变量个数与 OOB err

（二）筛选后特征变量权重的确定

在计算特征变量重要程度值、筛选特征变量的基础上，秉承指标重要性程度越深，指标权重越大的思路，对最终电商小微企业信用预警指标体系中的指标进行赋权，为后续研究提供数据准备。

电商小微企业信用风险预警指标体系权重的计算公式如式（4-1）所示（孟斌等，2014[148]）。

$$\omega_i = \frac{DIFF_i}{\sum_{i=1}^{m} DIFF_i} \qquad 式（4-1）$$

其中，ω_i 表示第 i 个特征变量的权重值，$DIFF_i$ 表示第 i 个特征变量输出的重要程度值，m 为特征变量个数。

根据式（4-1）计算并进行筛选后所得到指标体系中每个指标的权重值，如表4-9所示。

表4-9　电商小微企业信用风险预警指标体系

一级指标	二级指标	观测点	数据来源	重要程度	权重	排序
店铺资质风险（A）	创店年限（A1）	店铺注册年限	店铺印象首页	0.00352	0.00354	20
	售卖规模（A2）	店铺商品数量	商品首页	0.00383	0.00385	19
	信用评级（A3）	淘宝平台信用评级	店铺印象首页	0.03158	0.03178	10
	服务态度（A4）	店铺服务态度	店铺印象首页	0.13531	0.13619	1
	组织管理风险（A5）	商品更新速度	商品首页	0.01957	0.01969	12
	产品保质能力（A6）	描述相符度	店铺印象首页	0.11703	0.11779	3
	产品品质评价情感（A7）	文本挖掘	在线评论文本	0.10399	0.10466	5
店铺经营风险（B）	经营能力风险（B1）	店铺t期交易额/行业t期交易额	商品详情首页	0.05290	0.05324	9
	持续经营风险（B2）	交易成功订单数	商品详情首页	0.00303	0.00305	21
	定价风险（B3）	店铺商品价格/行业商品价格	商品详情首页	0.00430	0.00433	17
	交易支付风险（B4）	交易便捷性	商品详情首页	0.01384	0.01393	14
	店铺保障能力（B5）	卖家承诺服务项数	商品详情首页	0.00416	0.00419	18

续表

一级指标	二级指标	观测点	数据来源	重要程度	权重	排序
店铺经营风险（B）	店铺履约能力（B6）	店铺保证金总额	商品详情专享服务页	0.00769	0.00774	15
	物流质量风险（B7）	店铺物流服务评分	店铺印象首页	0.10699	0.10768	4
	物流包装评价情感（B8）	文本挖掘	在线评论文本	0.06387	0.06428	8
	性价比评价情感（B9）	文本挖掘	在线评论文本	0.07266	0.07313	7
店铺口碑风险（C）	顾客认同（C1）	店铺好评率	店铺印象首页	0.12182	0.12261	2
	顾客售后参与度（C2）	店铺收藏数	商品评价页面	0.02686	0.02703	11
	口碑累积（C3）	累积评论数量	商品评价页面	0.01828	0.01840	13
	关注度（C4）	追评/累计评论	商品详情页面	0.00522	0.00525	16
	店铺服务评价情感（C5）	文本挖掘	在线评论文本	0.07714	0.07764	6

表 4-9 详细列出了电商小微企业信用风险预警指标体系中各一级指标、二级指标、各指标的观测点以及数据位置来源，其中重要程度列呈现的是每个信用风险评价指标的重要性值 $DIFF_i$ 及其排名情况，权重列表现的是通过式（4-1）计算出的各指标权重值，据此推出三个一级指标的权重值：店铺资质风险为 0.41751、店铺经营风险为 0.33157、店铺口碑风险为 0.25093，可以知道店铺资质风险对电商小微企业信用风险的影响最大，是影响其信用风险程度的最主要因素；店铺经营风险的影响次之；店铺口碑风险的权重占比较低，但也在一定程度上影响着电商小微企业信用风险，其作用不可小觑，这三方面因素密切联系，且全面覆盖 5C 要素理论。

二、指标体系合理性有效判定

为保证构建的指标体系中每一个指标都能显著判别信用状态，还需进一步验证、判定指标体系，本书通过 ROC 曲线下方面积 AUC 的大小，判别所建指标体系的有效性。面积 AUC 越接近于 1，表明该指标体系的有效性越高。

将本书经过筛选的包含 21 个指标的指标体系输入模型，输出的 ROC 曲线如图 4-9 所示，ROC 曲线趋近左上角，AUC 值为 0.9993，可以得出结论，本书基于主观、客观两维度所建立起的指标体系较为合理，符合电商小微企业的特色，可以作为进一步建模的支撑。

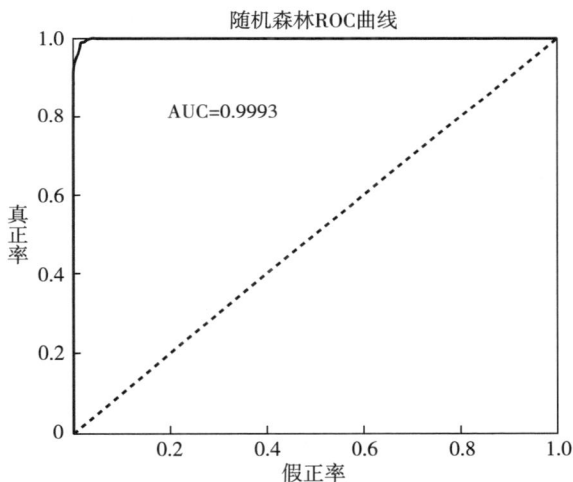

图 4-9　指标体系 ROC 曲线与 AUC 面积

第四节　本章小结

本章从 5C 要素理论出发，推演出大数据背景下电商小微企业的信用风险的影响因素；以此为基础对文献归纳整理，运用文本挖掘等方法，从主观和客观两维度选取符合电商小微企业特色与发展现状的信用风险预警指标，共 25 个指标；通过特征值筛选过滤其中影响程度低、不合理的指标，得到由 21 个指标组成的电商小微企业信用风险预警指标体系，并通过 ROC 曲线验证说明该指标体系的有效性。最终构建起一套完备的电商小微企业信用风险预警指标体系，为接下来的研究做好铺垫。

第三篇

信用风险预警模型研究

第五章　基于随机森林的静态
信用风险预警模型

　　在第四章构建的主观、客观两维度指标体系的基础上，获取822家电商小微企业数据构成的样本数据集，该数据集蕴含电商小微企业信用风险的信息，但如何处理这些高维度、非线性且不平衡的数据，挖掘其中蕴藏的信用风险信息，从而归纳出预测精准的风险预警模型？本章运用集成学习的思路，选取分类能力较好的随机森林算法来构造电商小微企业信用风险预警模型。首先运用信用风险综合评分正态分布的思路设定风险阈值，设计四阶段风险分类区间对样本进行分类。其次基于随机森林算法构建模型，并通过平衡数据集、提出"两步法"网格搜索算法，弥补随机森林算法本身易受不平衡数据影响的缺陷，进行模型参数优化。最后运用822家生鲜行业电商小微企业在2021年7月31日的截面数据进行算例分析证实构建信用风险预警模型的应用。

第一节　问题提出与分析

电商小微企业信用风险预警模型不仅需要处理高维度数据，还需要考虑行业容量，兼顾小样本的数据环境。随机森林算法运用较少的样本即可实现良好的泛化性能、较好地克服过拟合的问题、进行高效学习，作为一种集成算法，随机森林克服单个预测模型的局限，由若干个弱分类器集成强分类器，具有更强的决策支持力度；作为一种机器学习算法，随机森林模型具有良好的鲁棒性、所需人工干预少、可以通过参数优化设置因地制宜地提高模型精度。但将其应用于电商小微企业信用风险预警中仍面临一些挑战。

（1）在构建电商小微企业信用风险预警模型的过程中，为了保证良好的预测能力和稳定性能，需要克服样本结构不平衡的影响。首先要考虑的是，信用风险的形成是一个动态过程，这种动态性在电商小微企业上体现得尤为明显，因此不能仅以某一临界值作为划分信用风险的高低，这就要求对信用风险的类别进行合理划分。本书以整个生鲜行业电商小微企业为样本进行研究，提出电商平台小微企业信用风险综合指标，以高斯分布为基础，探究其95%置信水平下的样本分布，计算多段信用风险分类区间，使得电商小微企业的信用风险分类更为合理、精准。其次要考虑到电商小微企业的信用风险高低并不是普遍一致的，重大风险本身是一种小概率事件，同时电商小微企业具有高度的动态性，能完整跟踪足够期间的样本量有限，这也致使样本结构呈现高度不平衡的特征，过度不平衡会带来较大的误判代价，将重度风险电商小微企业误判为轻度风险或无风险的潜在损失极大，会给电商平台和金融机构带来较高的融资成本和风险。不平衡数据对模型的性能会造成严重的负面影响，例如，若某数据集含有 100 个样本，仅有 1 个属于高风险样本，若分类模型将其分到低风险样本类，整个模型精度也能达到 99%，但这种预警模型仅仅是表面上精度高，在实际应用中这 1% 的误差可能造成巨大的损失。为解决这一问题，本书引入 SMOTE 过采样的手段，利用"插值法"计算少数类样本与其近邻样本之间的随机线性插值，在保证少数类样本原特征的前提下合成新样本，最大限度上保证数据集平衡，解决样本不平衡带来的弊病。

（2）还需考虑随机森林模型的应用价值。拥有双随机性的随机森林，可以通过灵活参数调整提高模型性能，以实现模型最佳复杂度、泛化误差最低、模型精度最佳。本书采用网格搜索与随机森林算法结合，搜寻最优参数点，但传统网格搜索本质上是一种贪心算法，存在全局搜索导致运行速率低下的缺点，尚存优化空间。基于此，本书在思路上提出优化，采用大步长结合小步长的"两步法"优化网格搜索算法，首先通过大步长粗略明确最优参数的范围，其次通过小步长依次搜索，寻找最优参数点，构建合理的随机森林模型。

综上所述，本章运用建立的数据集界定信用风险类别阈值，建立四段式信用风险分类区间；采用过采样（SMOTE）方法处理不平衡数据集；构建静态随机森林模型并运用"两步法"网格搜索算法调参优化；代入截面数据进行算例分析，将输入平衡数据集与不平衡数据集状况下的模型进行精度对比，将传统回归、单棵决策树与优化后随机森林模型的模型精度进行比较，以佐证本章提出的静态预警模型的优势与应用价值。

第二节　模型方法原理简述

一、随机森林模型参数优化原理

随机森林是一种高效、便捷的集成分类器，可以通过灵活的参数调整实现模型优化。在调参的过程中主要以泛化误差作为调优依据，整个调优过程的主要思路就是寻找最佳模型复杂度以求达到泛化误差最低点，随机森林模型中最主要的两个参数是 ntree 和 mfeatures：

森林中的决策树数量（ntree）：该参数决定了随机森林在投票过程中的票数和准确率，1996 年 Breiman 于理论上证明当 ntree 逐渐增加时，模型泛化误差收敛；但在实践中，并非 ntree 数量越大分类精度越高（Rodriguez et al.，2012）[149]，而是在一定阈值内存在使得精度最高的参数值。因为由于随机过程的复杂性，很难实现通过无限增加决策树数量换取微乎其微的精度，因此需要在考虑运行效率的前提下寻找最优参数 ntree。

候选特征集中特征数量（mfeatures）：生成的随机森林包含前文提到的随机子空间思想，每一个训练子集会生成一棵决策子树，在构建该决策子树时需从总特征空间中随机抽取一定量的特征属性作为该树分类的候选指标集，随机抽取特征属性数量即为 mfeatures。在使用随机森林算法进行预警时，mfeatures 的大小关系到每棵决策子树分类能力的强弱和决策子树之间的相关性程度，mfeatures 越小，单棵决策子树分类能力越弱，整体森林分类能力的趋势越低；但与此同时 mfeatures 越小，决策子树之间的相关性也越小，随机森林的分类能力越强。因此 mfeatures 不是越大越好，也不是越小越好，而是存在一个最优值，该最优值决定了模型整体精度。

除此之外，随机森林中每棵决策树的最大深度、节点划分最小样本量、叶子节点最少样本量等参数也会对模型产生影响，但这些参数在调参过程中起到的优化程度较低，仅依据实证研究情况微调即可达到目的，三个参数原理汇总如表 5-1 所示，可看出三者较适用于大数量级样本量与多特征模型的调参，而本书的样本量与特征量并未达到万级量，因此在构建随机森林模型中并不能对这三个参数做重点调参。

表 5-1　随机森林模型中部分主要参数及其优化原理汇总

参数	优化原理
max depth	该参数越大模型越复杂，通常默认最大深度，即最高复杂度，若模型样本量多、特征量多，则考虑对该参数设限
min samples split	该参数限制子树分叉条件，若某节点样本数小于该值，则该节点不会继续尝试选择最优特征划分，因此该值越大模型越简单
min samples leaf	该参数限制叶子节点最少样本数，若某叶子节点数小于该值，则会被剪枝

二、网格搜索原理

网格搜索法（GridSearchCV）正如其名，是指将变量区域网格化，在全部候选参数中，利用笛卡尔乘积得到不同的超参数组合，假设参数 a 有 3 个可能值，参数 b 有 3 个可能取值，则取得 3×3 维度的网格共 9 种参数组合，网格搜索法通过遍历每个网格点来求解满足约束函数的目标函数值，尝试每一种可能性，以泛化误差最小为择优标准，输出全局最优参数组合。网格搜索法原理是一种穷举搜索法，更适合较少参数调整，但也受其自身原理影响，该方法需要大量训练时间。

本书受已有研究启发，运用"两步法"优化网格搜索算法，第一步在较大范围内划分大网格,通过粗搜索的思想筛选出最优参数可能的范围;第二步在最优范围附近以小步长进行精细搜索,划分出更为密集的网格,在该网格中选择出最优点。这种优化不仅大大降低了训练所需时间,还能够保证找寻到随机森林模型最优参数。以"两步法"思想优化的网格搜索法原理如图5-1所示,左侧网格通过第一步粗搜索筛选出参数 a、b 最优组合范围,右侧网格是在第一步搜寻出的最优组合范围内进一步精细搜索,输出最优参数。

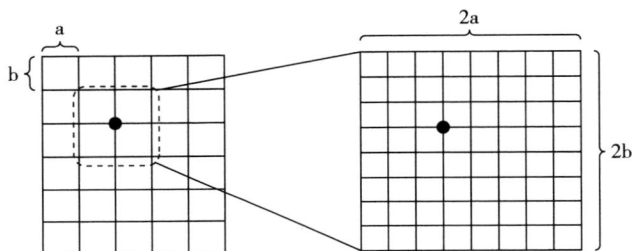

图 5-1 "两步法"优化网格搜索法示意图

三、常用评价指标

解决预警问题通常都是从预警模型构建开始的,但是预警模型的性能好坏需要不同的评价指标及不同的角度评价。为了验证优化后随机森林模型的优势,本部分梳理一些常用的评价指标,最主要包括准确率(Accuracy)、精确率(Precision)、召回率(Recall)、F 值、G-mean 等。这些指标都是基于混淆矩阵提出的,混淆矩阵基本原理如表5-2所示。

表 5-2 二分类问题的混淆矩阵

预测分类	实际正类	实际负类
预测正类	TP	FP
预测负类	FN	TN

其中，TP 和 TN 代表两个正确概率：TP（true positive）代表真实结果为正类且预测结果也在正类的样本个数，又称为真阳性；TN（true negative）代表真实结果为负类但预测结果在正类的样本个数，又称为真阴性。FP 和 FN 代表两个错误概率：FP（false negative）代表真实结果为负类但预测结果却是正类的样本个数，又称为假阳性；FN（false negative）代表真实结果为负类且预测结果也在负类的样本个数，又称为真阴性。

在混淆矩阵给出的 TP、TN、FP、FN 的基础上，得到常用的分类评价指标：准确率（Accuracy）是模型精度最常用、最直接的评价标准，表示在正类中且预测正确的样本和在负类中但被预测正确的样本之和占总样本数的比例，计算公式如式（5-1）所示。

$$ACC = (TP+TN)/(TP+FP+FN+TN) \qquad 式（5-1）$$

精确率（Precision）理解为预测为正类的样本中真正为正类的比例，计算公式如式（5-2）所示。

$$P = TP/(TP+FP) \qquad 式（5-2）$$

召回率（Recall）表示样本中被准确预测的正类，召回率越高，正类被预测得越准确，计算公式如式（5-3）所示。

$$R = TP/(TP+FN) \qquad 式（5-3）$$

F 值表示精确度和召回率的调和均值，其表达式如式（5-4）所示，其中 β 是加权参数，通常设 β=1，使用 F_1 作为评价指标；P 是精确率；R 代表召回率。

$$F_\beta = (1+\beta^2) \times \frac{P \times R}{(\beta^2 \times P) + R} \qquad 式（5-4）$$

本小节介绍了随机森林的构建原理及优化原理，同时提出评价模型预测精度的指标，为后文电商平台小微企业信用风险预警模型的构建奠定理论基础。本章主要运用 2021 年 7 月 31 日收集的数据构建电商小微企业信用风险静态预警模型，并进行模型的性能比较与分析。

第三节　风险类别阈值界定与非平衡数据集处理

一、风险类别阈值界定

在构建随机森林模型进行预警前，先要明确如何准确识别电商平台小微企业信用风险优劣，不同于传统上市公司以是否ST作为判别公司信用风险优劣的标准，电商平台小微企业信用风险识别标准在已有研究中暂无统一定论。本书参考孙晓琳（2013）[150]、周忆等（2019）[151]对难以界定风险优劣标准样本的阈值界定思路，对电商小微企业信用风险综合预警指标的阈值进行确定。该思路不仅解决了研究对象难以用统一标准界定的问题，扩大了研究对象的边界；还突破了判断信用优劣与否"一刀切"的"瓶颈"，将电商小微企业信用风险看作一个阶段性的过程，即并不以单纯一个标准划分信用风险高低，而是把其信用风险的产生视为一个变化的过程，将其划分为无风险、轻度风险、中度风险、重度风险四个阶段。该思路主要通过主成分分析法提取风险综合预警指标，以正态分布的原理在95%的置信概率下设定风险类别分界线。

（一）基于主成分分析的风险提取

本书首先借用主成分分析方法提取几个综合变量并输出每个变量所对应的权重。为消除基础指标量纲量级和自身变异大小的影响，在进行主成分分析之前，先利用SPSS20.0对指标体系中各个指标（X_i）进行Z-score标准化处理，处理后先进行 KMO 和 Bartlett 的球形度检验，验证该指标体系是否适合做因子分析，输出结果如表 5-3 所示。其创造者 Kaiser 给出了相应取值范围，KMO 值在（1，0.9）说明非常适合因子分析，在（0.9，0.8）说明很适合因子分析，在（0.8，0.7）说明适合做因子分析，在（0.7，0.6）说明不太适合；Bartlett p 值小于或等于 0.01，则说明适合做因子分析。

本书中输出的 KMO 值为 0.740 大于 0.7，且 Bartlett p 值远小于 0.01，说明本书的指标体系较为合理，适合做因子分析。

表 5-3　KMO 和 Bartlett 的检验[a]

取样足够度的 Kaiser-Meyer-Olkin 度量		0.740
Bartlett 的球形度检验	近似卡方	9594.220
	df	210
	Sig.	0.000

注：a 表示基于相关。

随后输出解释的总方差，见表 5-4，8 个主成分从标准化处理后的各项风险指标中提取了 74.19% 信息量，这 8 个主成分能够较好地解释所有变量。

表 5-4　解释的总方差

成分	初始特征值			提取平方和载入			旋转平方和载入		
	合计	方差的%	累积%	合计	方差的%	累积%	合计	方差的%	累积%
1	4.379	20.853	20.853	4.379	20.853	20.853	3.031	14.435	14.435
2	2.978	14.181	35.034	2.978	14.181	35.034	2.917	13.891	28.327
3	2.557	12.174	47.208	2.557	12.174	47.208	2.510	11.954	40.281
4	1.287	6.129	53.337	1.287	6.129	53.337	2.255	10.737	51.018
5	1.235	5.880	59.217	1.235	5.880	59.217	1.411	6.719	57.737
6	1.207	5.748	64.964	1.207	5.748	64.964	1.278	6.084	63.821

续表

成分	初始特征值			提取平方和载入			旋转平方和载入		
	合计	方差的%	累积%	合计	方差的%	累积%	合计	方差的%	累积%
7	0.992	4.722	69.686	0.992	4.722	69.686	1.167	5.559	69.381
8	0.946	4.505	74.191	0.946	4.505	74.191	1.010	4.810	74.191
9	0.858	4.084	78.275						
10	0.783	3.726	82.001						
11	0.765	3.644	85.645						
12	0.657	3.129	88.774						
13	0.634	3.020	91.794						
14	0.380	1.811	93.606						
15	0.369	1.755	95.361						
16	0.296	1.410	96.771						
17	0.278	1.324	98.096						
18	0.184	0.875	98.971						
19	0.103	0.489	99.460						
20	0.080	0.379	99.840						
21	0.034	0.160	100.000						

注：提取方法：主成分分析。

再根据输出的表 5-5 的成分得分系数矩阵，得到各主成分的表达式。

表 5-5　成分得分系数矩阵[a]

得分	成分							
	1	2	3	4	5	6	7	8
Zscore（A1）	-0.066	0.003	0.077	0.107	-0.108	-0.040	0.795	0.025
Zscore（A2）	-0.100	0.011	0.034	0.302	-0.234	-0.127	-0.385	-0.021
Zscore（A3）	-0.045	-0.012	0.096	0.189	0.162	-0.064	-0.059	0.000
Zscore（A4）	0.359	-0.006	0.017	-0.100	-0.005	-0.032	-0.029	0.016
Zscore（A5）	0.014	0.002	0.005	0.040	-0.015	0.009	0.035	0.983
Zscore（A6）	0.342	-0.007	0.012	-0.062	-0.035	-0.034	-0.068	0.016

续表

得分	成分							
	1	2	3	4	5	6	7	8
Zscore（A7）	−0.027	0.306	0.008	0.050	−0.031	−0.048	0.079	−0.011
Zscore（B1）	0.004	0.004	0.286	−0.066	−0.150	0.402	0.021	0.017
Zscore（B2）	0.017	−0.003	0.372	−0.028	−0.221	−0.110	0.034	−0.009
Zscore（B3）	−0.031	0.012	−0.108	0.011	0.025	0.758	−0.001	0.004
Zscore（B4）	−0.067	0.007	−0.066	0.246	0.209	0.029	−0.096	0.153
Zscore（B5）	−0.057	−0.010	−0.060	0.110	0.398	0.029	0.069	−0.073
Zscore（B6）	0.008	0.017	−0.086	−0.131	0.637	−0.019	−0.062	0.012
Zscore（B7）	0.357	−0.010	0.002	−0.116	0.013	0.005	−0.009	0.009
Zscore（B8）	0.009	0.298	−0.003	−0.034	0.044	0.069	−0.072	0.025
Zscore（B9）	0.004	0.285	−0.014	−0.056	0.087	0.100	−0.141	0.028
Zscore（C1）	0.012	0.013	−0.086	0.372	−0.048	0.011	0.118	0.029
Zscore（C2）	0.063	0.003	0.088	−0.445	0.140	−0.014	−0.093	0.041
Zscore（C3）	−0.004	0.012	0.371	−0.087	−0.024	−0.043	0.057	0.008
Zscore（C4）	0.026	0.002	0.297	−0.145	0.162	−0.093	0.062	0.000
Zscore（C5）	−0.019	0.283	0.020	0.055	−0.077	−0.088	0.137	−0.034

注：提取方法：主成分分析；旋转法：具有 Kaiser 标准化的正交旋转法。构成得分。a 表示系数已被标准化。

此处仅列出前两个主成分的表达式，如式（5−5）和式（5−6）所示，其余六个主成分也照此得到表达式。

$$F1 = -0.066 \times 1 - 0.1 \times 2 - 0.045 \times 3 + 0.359 \times 4 + 0.014 \times 5 + 0.342 \times 6 - 0.027 \times 7 +$$
$$0.004 \times 8 + 0.017 \times 9 - 0.031 \times 10 - 0.067 \times 11 - 0.057 \times 12 + 0.008 \times 13 +$$
$$0.357 \times 14 + 0.009 \times 15 + 0.004 \times 16 + 0.012 \times 17 + 0.063 \times 18 - 0.004 \times 19 +$$
$$0.026 \times 20 - 0.019 \times 21 \qquad \qquad 式（5−5）$$

$$F2 = 0.003 \times 1 + 0.011 \times 2 - 0.012 \times 3 - 0.006 \times 4 + 0.002 \times 5 - 0.007 \times 6 + 0.306 \times 7 +$$
$$0.004 \times 8 - 0.003 \times 9 + 0.012 \times 10 + 0.007 \times 11 - 0.01 \times 12 + 0.017 \times 13 - 0.01 \times$$

$$14+0.298\times15+0.285\times16+0.013\times17+0.003\times18+0.012\times19+0.002\times$$
$$20+0.283\times21 \qquad\qquad 式（5-6）$$

……

整体提取各样本的信用风险后，分别用每个主成分的得分乘以相应的贡献率求和，再除累计方差贡献率，最终得到电商平台小微企业信用风险综合指标（RWI），表达式如式（5-7）所示，以该指标作为区分风险类别阈值的标准。

$$RWI=(14.435\times F1+13.891\times F2+11.954\times F3+10.737\times F4+6.719\times$$
$$F5+6.084\times F6+5.559\times F7+4.810\times F8)/74.191\% \qquad 式（5-7）$$

（二）风险类别阈值界定

本书考虑到电商小微企业信用风险的产生不是一蹴而就的，而是存在一定的动态变化，据此设定界定电商小微企业信用风险类别阈值（η_i），设计四段式电商小微企业信用风险程度判定区间。本书所采集的 822 家样本基本覆盖淘宝平台生鲜行业小微企业，该样本集具有一定的行业的代表性，故以此探究的风险类别阈值界定具有一定的普适性。阈值界定的具体思想如图 5-2 所示，若 RWI_t 值小于阈值 η_2，则说明该企业处于重度信用风险阶段；若 RWI_t 值大于 η_2 小于 η_1，则定义该企业处于中度信用风险阶段；若 RWI_t 值大于 η_1 小于 η_0，则定义该企业处于轻度信用风险阶段；若 RWI_t 值大于 η_0，则定义该企业的信用非常好，无信用风险（孙晓琳，2013；周忆等，2019）[150-151]。

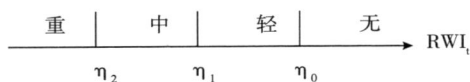

图5-2 四段式电商小微企业信用风险程度判定区间

电商小微企业信用风险综合预警指标阈值具体计算公式如式（5-8）～式（5-10）所示（周忆等，2019），式（5-8）～式（5-10）分别表示 η_0、η_1、η_2 三个阈值。

$$\eta_0 = \overline{RWI_t} + t \times \sigma \qquad\qquad 式（5-8）$$

$$\eta_2 = \overline{RWI_t} - t \times \sigma \qquad\qquad 式（5-9）$$

$$\eta_1 = \frac{1}{2}\left[\eta_2 + \frac{1}{2}(\eta_0 + \eta_2)\right] \qquad\qquad 式（5-10）$$

其中，$\overline{RWI_t}$ 表示生鲜全行业电商小微企业信用风险综合预警指标算术平均值；σ 表示生鲜全行业电商小微企业信用风险综合预警指标的标准差；t 表示置信概率为95%时的置信系数。经计算电商小微企业信用风险综合预警指标阈值如表5-6所示。

表5-6　电商小微企业信用风险综合预警指标阈值

	阈值
η_0	0.519361041
η_1	−0.259680514
η_2	−0.519361032

经过上述计算，依据所求风险综合预警指标划分重度风险企业、中度风险企业、轻度风险企业和无风险企业，其中重度风险企业的 RWT 值处于区间（−∞，−0.519361032），中度风险企业的 RWT 值处于区间［−0.519361032，−0.259680514），轻度风险企业的 RWT 值处于区间［−0.259680514，0.519361041），无风险企业的 RWT 值处于区间［0.519361041，+∞）。据此对数据进行处理，用0、1、2、3分别表示无风险企业、轻度风险企业、中度风险企业和重度风险企业的级别，为接下来构建随机森林模型打下基础。整

理得出本期数据中，定义为重度信用风险的样本有 8 个、中度信用风险的样本有 92 个、轻度信用风险的样本有 706 个、无信用风险的样本 16 个，如表 5-7 所示。各风险级别中的样本数差异悬殊，由此可知该数据集属于不平衡样本，训练样本数量在类间分布不平衡。

表 5-7　数据集中各级别样本数

风险级别	样本数
0	16
1	706
2	92
3	8
总计	822

二、非平衡数据集处理

(一) 非平衡数据集概述

不平衡数据集，主要是指样本量在每一类区间上分布差异较大的数据集，依据不平衡数据集构建模型，易将少数类样本错分到多数类从而导致模型的预测性能大幅度下降。在实际生活中虽然少数类所占比例较小，但这些样本常包含关键信息，如果这些样本在预测过程中出现判别错误，会直接导致预测结果产生较大偏差，以本书电商小微企业的信用风险为例：数据集中重度信用风险及中度信用风险的样本属于少数类样本，在预测的过程中易出现错判的情况，而错判可能会导致借贷机构风险评估失效从而承担更高的风险成本。

使用不均衡数据集得到的模型，会过度依赖有限的数据样本从而产生过拟合问题；同时样本类别不均衡会导致少数类样本中的特征较少，更难以从中挖掘、提炼相应规律，因此在机器学习中，有效数据尤为重要。面对数据集不平衡的情况，在追求模型整体预测能力的同时，应更注重如何清除不平衡问题为建模带来的阻碍。

以往在利用机器学习算法进行研究时，会假设不同类别的样本规模相似，这将使得模型在分类过程中有所偏向。在随机森林算法中，不平衡数据集的表现同样差强人意，Weiss（2004）[152] 针对不平衡数据集在随机森林算法中的表现进行了大量实验，证明了该算法的预测结果会出现倾向于多数类的趋势，虽然整体的分类精度比较高，但不能忽视预测过程中少数类样本预测精度非常低。这就要求在开展相应研究时需要设计专门的不平衡学习算法来解决这些问题。

（二）采样策略原理

本书为了使构建的模型更为精准有效，考虑提升训练集样本数据的质量，运用采样策略来改变样本集的分布，使得采样后的样本集趋于平衡。采样策略是不平衡学习领域中发展最早、应用最广的方法，其主要目的是在原数据集基础上生成新的平衡数据集，使得机器学习算法在该新平衡数据集上能够有效训练，得到更为稳定、精准的模型。现有常用采用方法可分为欠采样和过采样两种。

欠采样又称为下采样，主要原理是削减多数类样本数目来调整不同类别之间的不平衡程度，即经欠采样策略调整后，原数据集中少数类样本在新生成的数据集中仍然维持原有规模，而多数类样本被削减以达到数据样本平衡的目的。过采样又称为上采样，与欠采样相反，过采样指的是通过扩充少数类样本规模来缓解类别之间的不平衡程度，即经过采样策略调整后，原数据集中少数类样本被扩充以达到数据样本平衡的目的。

本书综合考虑数据集特点与荷载信息量，选择过采样策略处理不平衡数据集。最经典的一种过采样策略是 Chawla 等（2002）[153] 提出的 SMOTE 算法（Synthetic Minority Oversampling Technique）。该方法利用"插值法"计算少数类样本与其近邻样本之间的随机线性插值，为少数类样本人工合成新样本，具体原理是基于距离度量在一个少数类样本附近寻找 k 个（k>1）临近样本，任选一个临近样本，在二者间随机线性插值、增加噪声，通过这种方式构造了更多的少数类样本。SMOTE 算法一方面有效降低了机械重复少数类样本所导致的过拟合问题；另一方面相对合理地扩充了少数类样本的平面，使数据集相对均衡。

（三）SMOTE 算法原理

SMOTE 算法是非常成熟、经典的过采样方法，本书选取 SMOTE 算法来对数据集进行过采样处理，针对少数类样本合成"人造"样本从而实现对少数样本的向上采样，形成新的平衡数据集。其具体数学原理如下：在不平衡数据集中，少数类中的每个样本 x_0 都可以按照欧式距离搜寻到离自己的 k 个同属于少数类临近样本，根据过采样率，使用样本 x_0 和它的临近样本合成新的实例，实现公式见式（5-11）。

$$x_{new} = x_0 + random(\ )(x_{0i} - x_0) \qquad\qquad 式（5-11）$$

其中，$random(\ ) \in [0, 1]$，x_{new} 代表新合成的样本，x_0 代表少数类中的原始样本，x_{0i} 代表每次随机选择的 x_0 的第 i 个最近样本，通过 SMOTE 算法增加少数类样本数量，最终使得数据整体达到平衡化。

第四节　静态随机森林构建与优化

一、预警模型构建

将 SMOTE、"两步法"优化网格搜索算法（GridSearchCV）与随机森林算法组合，解决数据不均衡所导致的模型精度欠佳问题，同时通过优化网格搜索算法来确定随机森林算法参数来提高模型精度。主要分为三大步，第一步是处理不平衡数据集，运用 SMOTE 算法生成新的平衡数据集；第二步是采用新生成的平衡数据集构建随机森林预警模型；第三步是运用"两步法"优化后的网格搜索算法搜寻随机森林模型的最优参数，通过上述三步方法组合与优化得到较优随机森林模型对电商小微企业信用风险进行预警。

SMOTE 组合随机森林算法构建模型的主要步骤如下：

（1）在少数类空间中随机选择一个少数类样本 x_0。

（2）对少数类空间中每个少数类样本 x_0，在其 k 临近范围内随机选取 n 个样本。

（3）少数类样本 x_0 与在其 k 临近范围内随机出现的少数类样本 x_{0i} 之间进行随机线性插值，计算过程见式（5-11）。

（4）将"人工"合成的多个负类样本 x_{new} 加入原始样本集，构建新的样本集。

（5）构建随机森林模型在新样本集上进行预警。

（6）运用"两步法"优化网格搜索算法，先用大步长划分大网格，通过粗搜索的思想筛选出最优参数可能的范围；在筛选出的范围附近以小步长进行精细搜索，划分出更为密集的网络，在该网络上选择出最优参数点。

（7）将搜索得到的最优参数代入原随机森林模型，构建得到 SMOTE-"两步法"网格搜索与随机森林算法组合预测模型。

根据以上分析可以得到 SMOTE-"两步法"网格搜索与随机森林算法组合预测模型的流程图，如图 5-3 所示。

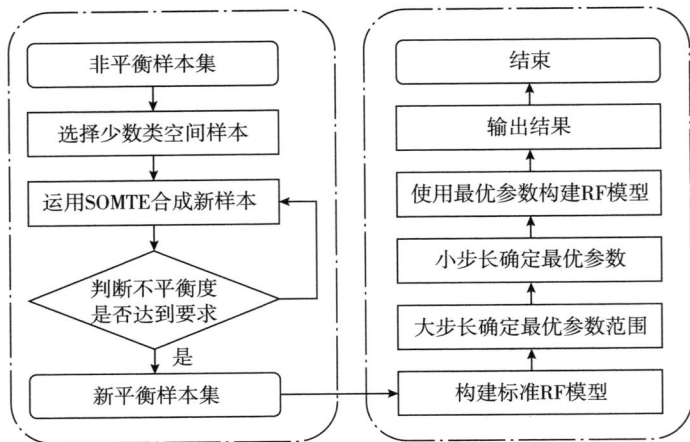

图 5-3 SMOTE-"两步法"网格搜索与随机森林算法组合预测模型的流程

二、实验数据集处理与参数优化

（一）实验数据集处理

本章所用原始数据集来源于淘宝平台 2021 年 7 月 31 日的截面店铺数据，该原始数据集共包括生鲜行业 822 家样本，每个样本包含 21 个特征。在进行实验前对该原始数据集进行预处理，归一化处理统一量纲；紧接着运用上文所述 SMOTE 方法对原始非平衡数据集进行过采样处理，通过"人工"合成少数类样本，最终共得到样本 2824 个，无信用风险样本、轻度信用风险样本、中度信用风险样本、重度信用风险样本各 706 个，这 2824 个样本构成新的平衡数据集。将新得到的平衡数据集按照 2∶8 划分测试集与训练集，进而构建随机森林预警模型。

（二）基于"两步法"网格搜索算法的参数优化

参数 ntree 的选择。由上文分析可知，可以通过增加森林中决策子树数量使得泛化误差趋于稳定，理论上一片森林中决策子树的数量在一定阈值内存在使得精度最高的参数值，且该值不一定是阈值的上限。考虑到该参数的特性，本书首先绘制 ntree 的成长曲线，寻找森林中决策子树数量的波动阈值，随机森林模型中 ntree 参数的成长曲线如图 5-4 所示。

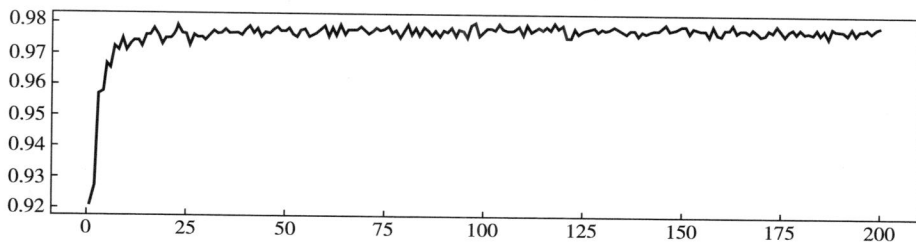

图 5-4　ntree 参数成长曲线

在图 5-4 中，横坐标表示所构建随机森林模型的规模，纵坐标表示模型分类精度，可以看出当随机森林规模较小时，森林中的决策子树棵数的增加会极大地提升模型精度，当森林中的决策子树棵数超过 50 棵后，模型精度不再显著提升，而是处于平稳的波动状态，这符合前文对随机森林的分析，即在一定阈值内存在使得精度最高的参数值，且该值不一定是阈值的上限，由于随机过程的复杂性，不可能通过无限扩大森林范围来实现微小精度的增加，因此 ntree 参数的搜寻与确定，既要保证运行效率，又要保证其分类精度最高。通过 ntree 成长曲线的初步判断，当森林中决策子树的棵数在（50，210）范围时，随机森林模型的精度平稳波动，即存在一个最优值确保模型的精度最高，因此可先将该参数的值粗略划分在（50，210）范围。

其次在粗略划定的参数范围内进一步寻优，运用"两步法"网格搜索算法寻找构建森林的最优子树数量。设定森林中决策子树的数量 k 取值为（50，210），步长设定为 20，使得参数在全局寻优的过程中按照大网格进行搜索，固定其余参数 max depth、min samples split、min samples leaf，输出结果：当 ntree 参数为 190 时，随机森林模型的预测准确率达到 97.43%；考虑到大步长设定为 20，没有考虑到 190 前后各 20 的网格。因此，进一步细化网格步长，设定 k 的取值为（170，210），步长为 10，输出当 ntree 参数为 200 时，随机森林在测试集上的预测准确率达到 97.47%。

再次采用"两步法"的思想，进一步缩小参数最优值可能的范围，设定 k 的取值为（190，210），步长为 1，最终输出 ntree 参数为 206 时，随机森林在测试集上的预测准确率达到最优值 97.52%，为进一步验证在（190，210）区间内，ntree 参数为 206 时模型最优，绘制随机森林模型泛化误差与森林中决策子树个数的关系如图 5-5 所示，可以看出 ntree 在 206 和 207 之间某一点，模型的泛化误差最小，因此本书经过优化后取 ntree 的参数为 206，基本上使得随机森林模型精度最大化。

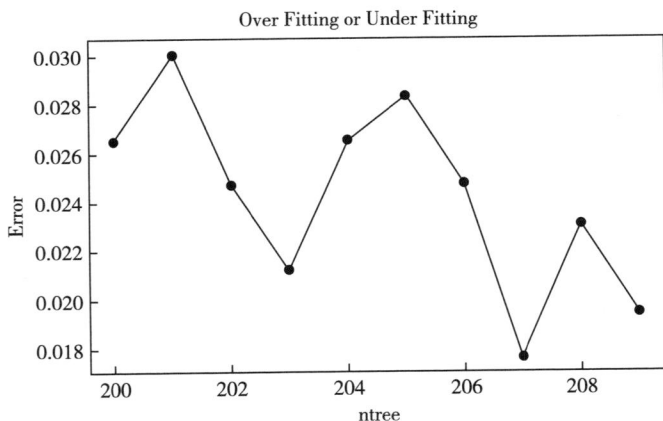

图 5-5 泛化误差与决策子树个数关系

将 ntree=206 输入原始标准随机森林模型，在测试集中得到模型精确度为 98.23%，较之原始随机森林模型精度 97.88% 提升了 0.35% 的精度，说明该参数的优化使得模型泛化错误向最低点移动，优化有效。

参数 mfeatures 的选择，同样以本章的原理分析为基础，选择随机森林中节点处寻找最优分割时随机选择特征的个数，由于该参数取值范围固定，与 ntree 参数有所不同，因此在此对"两步法"思路进行调整，先输出参数 mfeatures 不同取值所对应的模型泛化误差，从整体上观察随机森林模型泛化误差与参数 mfeatures 的关系，输出如图5-6所示，可以看出 mfeatures 参数在（5，8）区间内存在泛化误差最小值，但是难以直观确定何处最优，因此运用"两步法"优化网格搜索算法的思想，先设定 mfeatures 的取值为（5，8），设置步长为1，运用网格搜索算法进行全局搜索，最终得到 mfeatures 最优值为6。

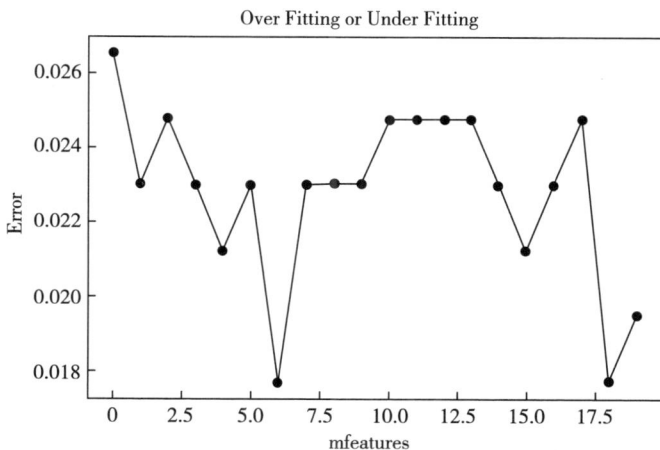

图 5-6　泛化误差与随机选择特征变量个数关系

将 ntree＝206、mfeature＝6 代入原始标准随机森林模型，得到模型精度为 98.41％，较之原始随机森林模型精度 97.88％提升了 0.53％的精度，较之仅优化 ntree 参数的随机森林模型提升了 0.18％的精度，说明该参数的优化使得模型泛化错误向最低点移动，优化有效。

参数 max depth 的选择。根据参数 max depth 性质可知该参数若不设限，则默认为最大值，有时会产生过拟合风险本书对该参数进行分析，设定 max depth 取值范围为（0，30），每个深度所对应随机森林泛化误差如图 5-7 所示，从图 5-7 可以看出随着树深度的加深，整个模型并未有过拟合的趋势，这说明模型本身并不复杂，考虑到模型实际共有 822 个样本、21 个特征，并未达到高复杂度模型的范畴，因此不必考虑因参数 max depth 过大导致的过拟合问题，即不需要进行剪枝操作，故在随后的研究中不对该参数做过多干预，默认最大值。

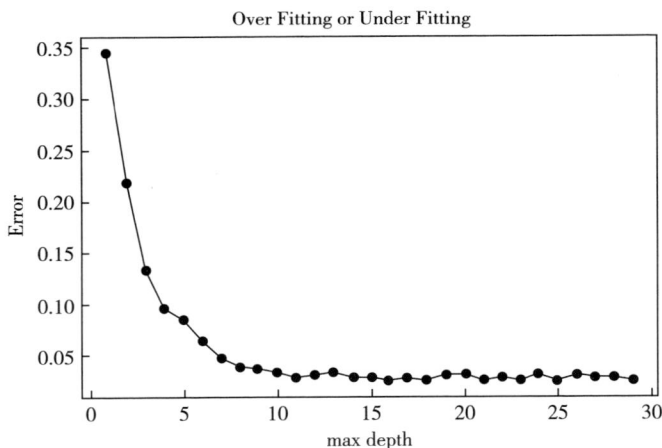

图 5-7　泛化误差与最大深度关系

运用 SMOTE 处理数据集以及"两步法"网格搜索算法实现参数优化后，最终确定建立的随机森林模型中 ntree＝206，mfeatures＝6，max depth 为默认最大值即可。

三、静态信用风险预警模型性能分析

本节在前文分析的基础上进行实验验证，分别探讨数据集平衡与否对不同的预警模型的影响、比较平衡数据集中调参优化后的随机森林预警模型与其他模型的优劣。

（一）二分类混淆矩阵与多分类混淆矩阵

常用分类评价指标是基于二分类问题的理论思想，而本书考虑到电商小微企业动态性高、其信用风险呈现阶段性，其信用风险不能简单地用好或坏二分类来划分，故本书充分运用全行业数据设定不同风险阶段的阈值，建立了"四段式"风险阈值区间，四段风险区间分别是无风险、轻度风险、中度风险、重度风险，属于多分类问题。对于多分类问题的分类评价指标可以考虑将多分类问题转化为 2v2 问题来解决，即除正确分类项外，其他分类均被视为错误分类，以表 5-8 多分类问题混淆矩阵为例，将 T_1P_1、T_2P_2、T_3P_3 视为正确分类，其余均视为错误分类，使其应用二分类混淆矩阵原理，输出评价指标对预测精度进行评价。

表 5-8 多分类问题混淆矩阵

预测＼实际	实际 1 类	实际 2 类	实际 3 类
预测 1 类	T_1P_1	T_2P_1	T_3P_1
预测 2 类	T_1P_2	T_2P_2	T_3P_2
预测 3 类	T_1P_3	T_2P_3	T_3P_3

（二）不同数据集中三种预警模型的对比

在非平衡数据集上输出预警结果，本书选取了 Logistic、CART、RF 三种

预警方法，进行对比，通过十折交叉验证输出三种预警模型的精度如图 5-8 所示，可以看出 RF 算法输出结果明显优于 CART 算法，但与 Logistic 相比并未体现出明显优势，这是由于数据集严重不平衡所导致的，RF 引入的两个随机思想致使 RF 每次预警的子集随机，样本的不平衡使得该随机性具备了更大的不确定性，会对模型的精度造成影响。

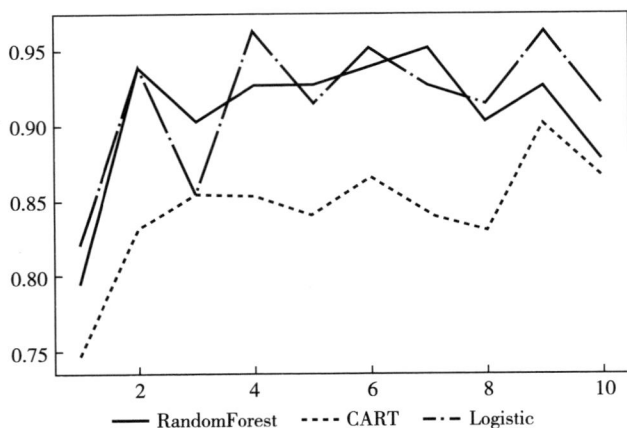

图 5-8 非平衡数据集中三种预警模型十折交叉验证

随后再经平衡处理得到新数据集中，验证 Logistic、CART、RF 三种预警方法输出的结果，同样通过十折交叉验证，输出结果如图 5-9 所示。明显可以看出 RF 算法远优于 Logistic 算法和 CART 算法，且三种算法的精度较不平衡数据而言均有一定的提升。不难推出，经 SMOTE 算法处理得到的平衡数据集，在一定程度上弥补了原有不平衡问题所导致的模型精度下降的缺陷。

整体判断后，分别将 Logistic、CART、RF 三种预警方法在非平衡数据集和平衡数据集上输出的评估值进行对比，Logistic 在两个数据集中输出的结果如表 5-9 所示，在非平衡数据集上，Logistic 输出测试集样本的准确率（ACC）

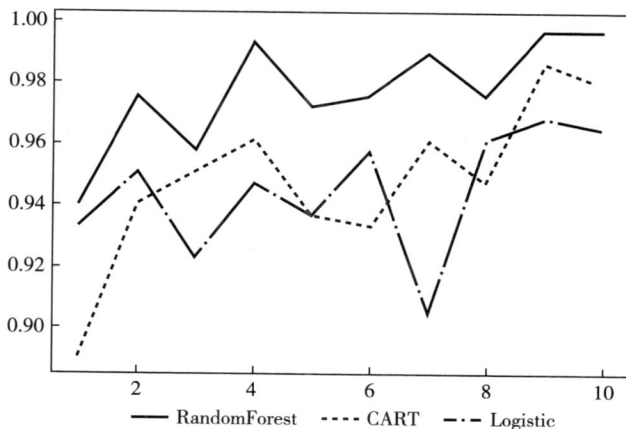

图 5-9　平衡数据集中三种预警模型十折交叉验证

为 91.52%，表明有 91.52% 的电商小微企业信用风险被正确预测到相应的风险类别；精确率（P）为 57.44%，表明测试数据集每类预测结果的样本中，真正为该类的样本占比为 57.44%；召回率（R）为 68.44%，表明测试数据集中每类样本被准确预测为该类的概率为 68.44%；由此可输出精确度和召回率的调和均值 F_1 为 62.46%（在精确率和召回率同等重要的情况下，$\beta = 1$，下同）。在平衡数据集上，其输出测试集样本的准确率（ACC）为 92.39%，可以看到在平衡数据集上，Logistic 模型正确预测电商小微企业相应风险类别的概率提高了 0.87%；精确率（P）为 92.59%，召回率（R）为 92.67%。

表 5-9　基于非平衡与平衡数据集的 Logistic 模型

分类	ACC	P	R	F_β
基于非平衡数据集的 Logistic	91.52%	57.44%	68.44%	62.46%
基于平衡数据集的 Logistic	92.39%	92.59%	92.67%	92.63%

可以看到精确率（P）和召回率（R）两值出现了极大幅度的变化，想探究这种现象产生的根源，就需要从混淆矩阵入手，式（5-12）和式（5-13）分别

代表非平衡数据集上和平衡数据集上的混淆矩阵，可以看出在样本量较少的类别中，如无信用风险样本和重度信用风险样本，在进行 8∶2 随机划分样本训练集与测试集后，这种不平衡状态被进一步放大，在式（5-12）的混淆矩阵中，实际为重度风险样本仅有一个，这一个样本一旦被错分，就极大幅度地拉低整体的预测精度，这也间接导致了非平衡数据集输出的精确度和召回率受到较大程度的影响；而在平衡数据集输出的混淆矩阵式（5-13），各样本量较为均衡，不会出现较为极端的情况，更能如实反映模型真实状态。这也印证了处理不平衡数据集的必要性。

$$\begin{bmatrix} 4 & 2 & 0 & 0 \\ 0 & 129 & 3 & 0 \\ 0 & 8 & 17 & 1 \\ 0 & 0 & 1 & 0 \end{bmatrix} \qquad \text{式（5-12）}$$

$$\begin{bmatrix} 132 & 0 & 0 & 0 \\ 5 & 130 & 5 & 1 \\ 0 & 11 & 132 & 3 \\ 0 & 0 & 18 & 129 \end{bmatrix} \qquad \text{式（5-13）}$$

CART 算法在两个数据集中输出的结果如表 5-10 所示，在非平衡数据集中，CART 模型的整体准确率（ACC）为 84.24%，即测试集中有超过 80% 的电商小微企业信用风险被准确预测；精确率（P）为 66.30%，说明每类预测结果的样本中，真正为该类的电商小微企业的占比为 66.30%，例如，在测试集上，预测为无风险类别中样本数为 x，则风险状态真正为无风险类别的样本数量为 66.3%x；召回率（R）为 56.35%，表明测试数据集中每类样本被准确预测为该类的比例为 56.35%；精确率和召回率的调和均值 $F_β$ 为 60.92%。而在平衡数据集上，这四个指标均达到了 90% 以上，且优化后的指标整体高于 Logistic 模型输出的指标，这说明决策树易产生局部最优解的特性导致其预测结果并不稳定，受到不平衡数据的影响更大。

表 5-10　基于非平衡与平衡数据集的 CART 模型

分类	ACC	P	R	F_{β}
基于非平衡数据集的 CART	84.24%	66.30%	56.35%	60.92%
基于平衡数据集的 CART	94.16%	93.98%	94.07%	94.02%

RF 算法在非平衡与平衡两个数据集中输出的结果如表 5-11 所示。

表 5-11　基于非平衡与平衡数据集的 RF 模型

分类	ACC	P	R	F_{β}
基于非平衡数据集的标准 RF	90.91%	45.72%	67.26%	54.43%
基于平衡数据集的标准 RF	97.88%	97.86%	97.90%	97.90%

在非平衡数据集中，RF 模型的整体准确率（ACC）为 90.91%，即测试集中有超过 90% 的电商小微企业信用风险被准确预测；精确率（P）为 45.72%，可以看出该值明显小于在非平衡样本集中的 Logistic 模型和 CART 模型，从混淆矩阵入手寻找产生这种极度差异的原因，在 RF 模型输出的混淆矩阵中〔见式（5-14）〕，重度风险类样本仅有一个被划分至测试集，且该样本被误判，这拉低了 RF 模型整体的精确率（P），致使其表现效果不佳，同样降低了作为精确率和召回率调和均值 F_{β} 的输出值。

$$\begin{bmatrix} 1 & 5 & 0 & 0 \\ 0 & 128 & 4 & 0 \\ 0 & 8 & 18 & 0 \\ 0 & 0 & 1 & 0 \end{bmatrix} \qquad\qquad 式（5-14）$$

进一步分析上述对比可知，不管是在单个模型还是在集成模型上，数据的平衡与否均会对模型精度产生较大的影响。CART 模型与 RF 模型的对比更能说明集成模型在抗干扰性稍优于单个模型，但与之对应的是二者所受数据集不平衡影响均较大，这也印证了如果不考虑样本的平衡性所建模型可能产生较为严重的误判。在实际生活中，不均衡样本广泛存在，而少数样本往往掌握着更为关键的信息，一次微小的误判就会导致极大风险的产生，正如上述分析过程，在仅有一个样本的情况下，对该样本的误判会对整个预测产生较大影响。在电商小微企业信用风险的预警中，信用风险极大企业的样本数所占比例明显较低，但这类企业也是借贷机构线上融资时需要重点关注的对象，若对其错判可能会导致借贷机构风险评估失效从而承担更高的风险成本。

（三）平衡数据集中 RF 算法优化前后对比

接下来讨论通过网格搜索算法优化调参后的随机森林算法模型与未调参模型精度对比，输出结果如表 5-12 所示，在平衡数据集上，经调参后的随机森林输出测试集样本的准确率（ACC）为 98.41%，在测试集样本中有98%以上的电商小微企业信用风险被正确预测到对应风险类别；精确率（P）为 98.416%，召回率（R）为 98.417%，均保持在较高的水平。相较未调参的随机森林模型，其模型精度提升了 0.53%，同时"两步法"网格搜索算法一定程度上优化了传统网格搜索算法搜寻参数耗时长的缺陷，能使研究更为迅速、更为精确地建立最优随机森林模型进行预测。

表 5-12　基于平衡数据集的 RF 模型与调参后 RF 模型指标对比

分类	ACC	P	R	F_{β}
基于平衡数据集的标准 RF	97.88%	97.89%	97.90%	97.90%
基于平衡数据集的参数调优 RF	98.41%	98.416%	98.417%	98.42%

将各指标与未调参的随机森林模型输出的指标以可视化柱状图像展示，如图 5-10 所示，可以看出调参后随机森林模型的各个评价指标均优于未调参的随机森林模型。

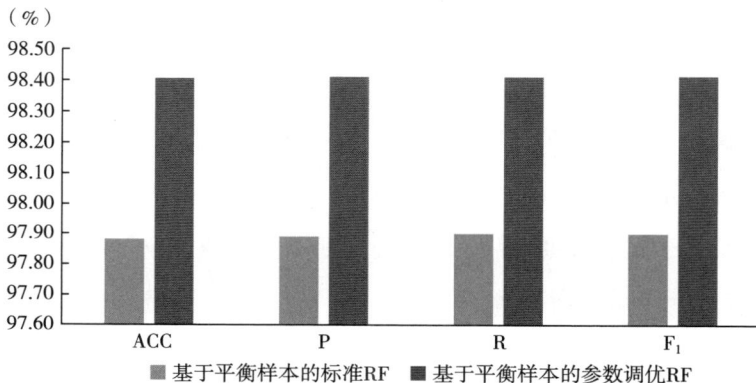

图 5-10 基于平衡数据集的 RF 模型与调参后 RF 模型指标对比

经过一系列分析可知，在平衡数据集上，经参数调优的随机森林算法表现优于 Logistic 算法与 CART 算法，针对训练集的准确率达到了98%以上，明显优于 CART 算法的 94.16%与 Logistic 算法的 92.39%。准确率的大小代表了电商小微企业本身信用表现实际情况被正确归类的样本数占总体样本的数据，其实是四个风险段的样本分类正确比例的加权平均值，该值越大，说明模型的预测精度越高，模型的预警能力越好。因此，调参后的随机森林模型可以更为准确地帮助贷款方辨别电商小微企业所处的信用风险阶段，从而辅助其决策是否放贷。

除此之外，在信用风险预警的过程中，本书也非常关心每类预测结果的样本中真正为该类的电商小微企业占全部样本的比例，该比例又称为召回率、真正率。这个比例表现了每类信用风险的企业可以真正被预测为该类别风险的比例，对于信用风险好的电商小微企业来讲，召回率越高说明更多信用风险好的企业在预测中被准确判别，这不仅有助于电商小微企业明晰自身实际信用状况、促进企业积极性，还能让资金真正流向信用风险低、发展较好的电商小微企业，对其未来发展有着促进作用。在本书的实验中，平衡数据集上 Logistic 算法的召回率为 92.67%，CART 算法的召回率为 94.07%，随机森林算法的召回率为 97.9%，调参后的随机森林算法召回率为 98.417%，可以明显看出调参后的随机森林算法在该方面表现优异，具有更高的预测精度。

综合评价指标结果、模型对比后发现，调参后的随机森林算法各方面的预测精度均高于其余对照组，最能准确判断电商小微企业信用风险所处的阶段，能更好地协助电商小微企业辨别自身信用风险，为贷款机构是否融资提供依据。

第五节　本章小结

本章主要解决基于随机森林构建静态信用风险预警模型，首先集中解决电商小微企业暂无统一信用风险优劣划分标准的问题，界定风险类别的阈值，将行业样本数据划分为无风险、轻度风险、中度风险、重度风险四个级别。其次引入 SMOTE 采样的方法，处理非平衡数据集。最后运用"两步法"网格搜索算法来优化模型参数，构建适用于电商小微企业的信用风险静态预警模型，并将该模型的精度与 Logistic 模型、CART 模型、标准 RF 模型相对比，证明了优化后的模型精度以及运行速率均有较好表现。

第六章　考虑动态风险演化的随机森林预警

　　第五章讨论了基于平衡样本集、"两步法"优化网格搜索算法构建随机森林静态预警模型，并运用实际数据进行算例分析，对电商小微企业信用风险进行预警，所建立的模型能够精准判断电商小微企业信用风险的状态。但受单期截面数据的影响，第四章局限于静态风险预警，即只能反映电商小微企业的信用在某一时间节点的状态，忽略了信用风险动态的演化，这也是目前大部分风险预警相关研究的"瓶颈"。

　　而本章从风险预警的原理出发，考虑信用风险的动态演进过程，将状态指标与时序指标两种不同类型的指标依据指标特性、使用不同方法——度量映射，保留动态因子，建立基于时间序列的动态风险预警模型，使得构建的信用风险预警模型具备处理动态信息的能力。在运用实际数据进行算例分析时，结合电商小微企业生命周期短、不稳定性强的特征，共固定追踪 822 家生鲜行业电商小微企业，获取 10 期时序数据，既保证动态分析的效果，又保证数据集的完整性，以该数据集为基础进行算例分析。

第一节　问题提出与分析

从本质上来看，企业信用风险预警可视为多属性、多指标决策问题，在解决这一问题时，现有研究的思路大都是基于不同模型的引入、优化、组合不断提高识别整体风险的精度（姜婕，2018；李鸿禧等，2020；孙玲莉等，2021）[154-156]，相关领域的大量研究聚焦于此，从整体上确定研究对象主体是否处于风险状态，这些研究为风险预警领域添砖加瓦，取得丰硕成果；反之，关注研究对象整体风险，一定程度上难以反映各个指标对应风险的相对重要性及各指标对应风险的关联耦合，对于风险预警的研究而言，指标中蕴含的企业风险信息并未得到充分挖掘；对于实践应用来讲，不重视组成指标的对应风险就丧失了一部分理论向实践转化的实用价值。因此对每一指标给出参考点、重视每个指标蕴藏的动态风险信息、选择恰当的指标风险度量方法进行挖掘就显得尤为重要。

从原理来看，对企业信用风险的预警可以视为构造数学映射的过程，输出的企业信用风险的状态判断集合对应输入的相应指标集合（王强等，2006；Goovaerts，2010）[157-158]。需要重视的是，在该映射关系中，输出的企业信用风险代表的是某一时间节点企业的信用风险状态，而输入的指标在相应的研究时间区间内既包含某一时间节点的状态指标，又包含时序变化的动态时序指标。显然想要构造合理的映射关系，就需要将蕴含不同信息的指标映射至同一截面上，对时序指标的多个截面状态的动态关系耦合，所构建的映射关系才能合理、适用、满足理论和实践要求。其中状态变量可以直接反映企业所面临的信用风险状态，如本书所用指标体系中的店铺保障能力、交易支付风险等，这些指标可以用静态截面数据反映某一小微企业的信用状况，可以直接采用静态截面数据进行研究；而动态时序指标则更侧重反映变化过程，如本书所构建指标体系中电商小微企业的信用风险、服务态度等随着小微企业决策、发展、成长动态变化的指标，仅用一期截面数据难以完整表现企业的风险状态，只有挖掘多期截面数据并建立各期数据之间的耦合关系，完整描述各期数据之间的动态关系，才能充分认清动态元素在预警过程中所扮演的角色，从而实现更为精准的信用风险预警，为现实企业提供较强的理论指导。

现有风险预警领域的研究已经充分认识到了动态预警的重要性，一部分研究着眼于运用"厚今薄古"的思想赋予时间序列权重（张发明等，2018；余鹏等，2019；吴飞美等，2019；李旭辉等，2019）[159-162]，该种研究通过二次加权、纵横向拉开档次等方法赋予静态数据以时序权重，以动态的视野把握随时间推移的风险特征；另一部分研究利用面板数据的思想，按期考虑风险特征空间状态变化，运用平滑模型、借助状态空间思想对未来风险状态进行预测（孙晓琳，2013[150]；王冬一等，2020[163]）；还有一部分学者考虑变量本身的变动情况：张发明等（2019）[164]借用物理中加速度的概念重新定义"成长因子"修正静态评价，张卫国等（2020）[165]运用 FPCA 方法提取指标曲线中的动态特征。

在市场环境下，风险度量的重要性更是不言而喻，多种风险衡量工具应运而生（杨亮等，2019）[166]。本书选择以变量本身蕴含的动态风险为切入点，从风险度量方法原理入手来考虑动态风险预警，在充分考虑映射关系的基础上，对指标体系进行动态风险度量，将截面指标与时序指标同时映射至同一截面，该截面上的信息综合考虑时间序列的均值、方差等特征，使得时序指标风险演进过程蕴含的风险信息最大化。同时，在考虑风险度量客观性的同时，还考虑决策者针对不同指标的主观感知程度、对风险的偏好、对风险发生可能性的预期等要素所构成的风险度量的主观性（Skng et al.，1998；Aldatoye，1998）[167-168]。在本章中，主观性是指基于电商小微企业主、电商小微企业决策者对本企业所面临风险的一种期望预期，这种期望预期取决于其风险偏好与整体认知，丰富了风险度量的主观特性，包含了决策者的主观风险倾向，在很大程度上挖掘出电商小微企业信用风险预警模型的实际应用价值，使得所建立的模型更贴近实际，更具实践指导意义。

考虑到各个指标在风险演进过程中具有不同的属性，本章拟采用差异化度量方式来反映不同的风险特征，从而使得对动态信息的处理更为敏感、精准，并具有较强的实践应用价值。综上所述，本章同时考虑单期截面状态指标和动态时序指标，运用多种风险度量方法有针对性地处理前文所构建指标体系中不同特性的信用风险指标；同时通过主观风险偏好设置映射函数的相关参数，将决策者对指标的主观预期期望考虑进模型，从而使得包含风险信息与决策者主观决策信息的多期时序数据映射至同一截面，该截面值蕴含动态信息，最后将该截面值输入随机森林模型（RF）进行风险预警，得到各样本的风险预警程度，使得原本仅能处理截面数据的模型具备了处理动态信息的能力。

第二节　风险度量方法原理简述

对电商小微企业信用风险评价的相关指标整体上可以划分为状态指标和时序指标两种，在研究时限内，状态指标可以仅用单期数据来反映电商小微企业所面临的信用风险，如店铺保障风险、交易支付风险等，这些指标不仅短期内不会发生大幅度变化，还能直观体现店铺潜在风险，因此又可以称为静态指标。这些静态指标对电商小微企业整体信用风险的影响有正有负，以此为依据又可以划分为正向静态指标与负向静态指标，本书所涉及的静态指标均为负向静态指标，即指标正向增加，会反向降低小微企业的信用风险，因此本节主要涉及负向静态指标的风险度量。而时序指标则需要多期数据序列，通过数据组的均衡水平、波动性、分布特征来判断其中蕴含的动态风险，进而判断各个信用风险评价指标对电商小微企业总体信用风险的影响。本节分别就上述状态、时序两种指标的特点进行分述，并选择恰当的风险度量方法。

一、状态指标风险度量

常见的状态指标与信用风险之间的关系可以分为线性关系与非线性关系，本节总结线型函数、S型函数、U型函数三种用来度量指标风险的方法。

（一）线型函数

当状态指标与整体信用风险呈现单纯线型关系时，即企业整体信用风险随着指标值的增加不断减少（增加），例如以卖家承诺服务项数为指标观测点的店铺保障风险，在单期截面上，卖家承诺的服务项数越多反映店铺所提供的服务保障级别越高，该店铺整体风险越低，且该指标不存在临界值使得店铺整体风险升高，因此该类型指标可以视为状态指标与整体信用风险呈现线性关系，即用直线型函数描述该种关系，如式（6-1）所示。

$y = ax + b$（a，b为常数）　　　　　　　　　　　　　式（6-1）

（二）S型函数

状态指标与整体信用风险呈现非线性关系也较为常见，其中一种关系呈现"S"型曲线，以正向指标为例，该指标升高会使得企业整体的风险水平加剧，但在整个过程中，整体风险水平增加的速率存在变化，最初指标的升高可能会带来一定的优势，反哺企业从而带来额外收益，此时代表企业信用风险的风险曲线弯曲向状态指标轴；当该指标的增长超过风险预警阈值后，指标的升高会催化信用风险进一步加剧，这就使得整体信用风险水平以递增的速率背离状态指标轴。根据该关系的特性可以绘制相应的函数示意图，正（负）向状态指标与信用风险的"S"型曲线关系如图6-1所示。

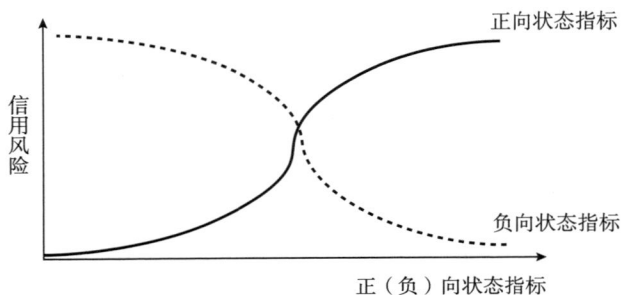

图6-1 正（负）向状态指标与信用风险的"S"型曲线关系

对于该种类型的指标可以采用S型函数来描述其与信用风险的关系，正向指标可以由式（6-2）表示：

$$y = \frac{1}{1+e^{-a(x-b)}}$$

式（6-2）

负向指标则如式（6-3）所示：

$$y = \frac{1}{1+e^{a(x-b)}}$$

式（6-3）

（三）"U"型函数

非线性函数关系除"S"型曲线外，还存在一种"U"型关系，以正向状态指标为例，最初企业整体信用风险会随着指标的升高而不断升高，超过预期值后，企业整体的信用风险反而呈现下降的趋势，负向状态指标恰与之相反，最初企业整体信用风险会随着指标的升高而不断降低，超过一定预期后，企业整体的信用风险反而呈现上升趋势。以本书中定价风险指标为例来描述这种函数关系，倘若某企业产品的定价偏低，该企业整体的信用风险呈现较高的状态，随着产品定价的不断增加，信用风险呈现降低状态；但当产品定价超过市场均值，甚至呈现定价过高的不合理状态时，企业整体的信用风险会随着其产品定价的增加而升高，这种关系可以如图6-2所示。

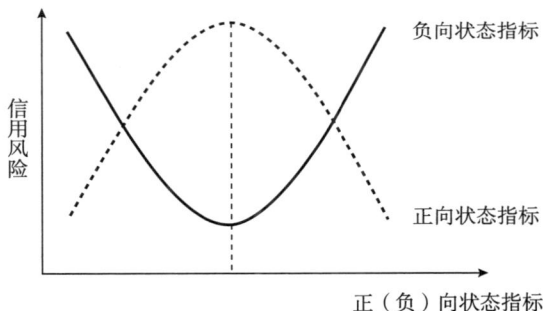

图6-2　正（负）向状态指标与信用风险的"U"型曲线关系

对于该种类型的指标可以采用二次函数来描述其与信用风险的关系，正向指标可以由式（6-4）表示：

$$y=-ax^2+bx+c\,(a\neq0)$$ 式（6-4）

负向指标与企业整体信用风险的关系可由式（6-5）表示：

$$y=ax^2+bx+c\,(a\neq0)$$ 式（6-5）

二、时序指标风险度量

相较状态指标而言，时序指标的风险度量略显复杂。时序指标的信用风险评估所受的影响因素更多，不仅会受到尾部度量、波动特征、分布偏斜性等动态时序数据本身特征的客观影响，还会受到决策者的主观预期目标的影响。本书将金融领域常用的风险衡量工具扩展到电商小微企业的信用风险度量上，扩展风险度量理论工具的应用。

（一）均值方差模型

为描述电商小微企业信用风险预警指标的动态过程，从宏观上描述其波动水平、指标水平，可以选择经典的均值方差模型进行描述。均值方差模型通过预估指标与期望间的偏离状态，运用指标动态波动性来衡量未来状况的不确定性（Alexander，1996）[169]，进而对未来指标变动进行预测。设时序评价指标变量为 x，分布函数为 F（x），相对应的概率密度函数为 f（x），风险则可以被定义为该时序数据的方差或标准差，方差如式（6-6）所示：

$$\sigma^2 = var(x) = \int_{-\infty}^{+\infty} (x - \mu)^2 f(x) dx \qquad 式（6-6）$$

而标准差如式（6-7）所示：

$$\sigma = \sqrt{\int_{-\infty}^{+\infty} (x - \mu)^2 f(x) dx} \qquad 式（6-7）$$

在式（6-6）和式（6-7）中，μ 代表该时间序列数据的数学期望，表达式如式（5-8）所示：

$$\mu = E(X) = \int_{-\infty}^{+\infty} xf(x) dx \qquad 式（6-8）$$

虽然基于方差、标准差的风险度量方法较为经典且在理论分析中应用较为广泛，但在实际应用中还存在一定的局限性，假定指标呈对称分布并将所有偏离一概视为风险，这显然不符合实际情况，在决策过程中，决策者的偏好趋近和偏恶规避均会导致数据的偏离，一概而论显然违背真实的风险状态。在改进该方法局限性的基础上发展而来的下半方差、标准差理论只计算低于目标值的方差、标准差，一定程度上满足风险度量结果与决策者主观感受的契合，方差表达式如式（6-9）所示。

$$\sigma^2 = \int_{-\infty}^{0} (x - \mu)^2 f(x) \, dx \qquad\qquad 式（6-9）$$

标准差表达式如式（6-10）所示。

$$\sigma = \sqrt{\int_{-\infty}^{0} (x - \mu)^2 f(x) \, dx} \qquad\qquad 式（6-10）$$

（二）效用函数

在企业风险预警领域，作为衡量损失发生可能性的风险包含着一定的主观预期，这也就决定了风险预警时，不仅要考虑客观数据所体现出的企业风险状态，还要考虑与决策者相关的内在主观构造。

基于这种考虑，对指标的风险度量也可以理解为对感知风险的度量，从测度理论角度出发考虑该问题，决策者所感知的风险可以视为期望和方差的线性组合（Pollatsek et al.，1970）[170]，具体表达式如式（6-11）所示。

$$R(x) = \theta v(x) - (1-\theta) E(x)（\theta 为参数） \qquad\qquad 式（6-11）$$

其中，$v(x)$ 代表序列指标值的波动性，$E(x)$ 代表序列指标值的期望，θ 代表待设定参数，该方法利用均值和方差同时考虑风险度量过程中的主客观因素，均衡全面地反映指标存在的风险。

（三）VaR 模型及其拓展应用

VaR 模型，又称为风险在险价值（Value at Risk），是一种数学模型定量分析方法，该模型将期望的风险损失与发生风险损失的概率相统一，VaR 模型作为金融风险度量工具得到广泛应用。其原理是在一定置信水平内保守估计过程变量蕴含最大风险水平的风险度量方法，所度量的是发生在数据分布左尾部极端不利事件所造成的风险，本质上属于基于分位点的风险度量方法之一（Jorion，2001）[171]。在风险管理中基于分位点的风险度量通常衡量了数据分布左尾部的风险，而这些风险恰是决策者最关心的，因此该模型在风险管理中更为常见。

对 VaR 模型原理拓展到电商小微企业信用风险指标的评估的可行性进行分析。为了管控电商小微企业信用风险，决策者不但要求信用风险指标保持在较高的水平，还要求在不利冲击下能保障企业基本生存条件不发生重大改变，因此需估计未来指标相对于当前水平最大跌幅，这一思路与 VaR 模型构建的原理不谋而合。在本书所构建指标体系中，售卖规模、信用评级、服务态度等一系列指标均符合该特性，以售卖规模为例，对于电商小微企业而言，机动性、活跃度是企业生存必备的条件，在瞬息莫测的电商市场环境下，保证较大的售卖规模是实现企业生存发展的关键，售卖规模较小的企业会直接降低消费者消费欲望从而导致店铺面临一定的信用风险，这就要求在对电商小微企业进行风险评估时要判断企业能否维持预期的售卖规模，并谨慎估计保守增长能力；服务态度、物流质量、产品保质风险、信用评级等一系列指标都存在最保守的要求，互联网搭建的电商平台在降低小微企业与消费者信息差的同时，也对企业提出了更高的要求，以服务态度为例，该指标高于行业平均值越多越被消费者所信赖，该指标过低，会大大降低消费者的购买欲望，减少交易量，从而导致企业面临严重的信用风险，该类型指标的预期常以行业均值水平为基准，需以此为基础，计算小微企业保守值来预估信用风险产生的可能。可见运用 VaR 模型的思路能够达到本书探究动态时序数据中所蕴含信用风险信息的目的，具有可行性。

根据 VaR 模型的原理表达见式（6-12）：

$$P_{prob}(\Delta E > V) = 1 - c \qquad\qquad 式（6-12）$$

其中，E 为期望值，c 为置信度，V 为暴露于风险部分最大值。

整式代表 $\Delta E > V$ 发生的概率，即给定某一指标的时序数据，指标值偏离期望值的幅度大于 V 的概率为 $1-c$，其中 ΔE 表示期望值的偏离值，V 表示在置信度为 c 情况下指标值暴露于风险中的不确定部分。而指标暴露于风险中的不确定部分 V，运用参数法可以计算，表达式如式（6-13）所示，该式整体表示在某一时间区间内，指标变化产生的不确定性：

$$V = \alpha\sigma\sqrt{\Delta T} \qquad\qquad 式（6-13）$$

其中，α 为置信水平 c 下正态分布上分位数、σ 为时间序列数据标准差。

式（6-12）和式（6-13）可以合理表明时序指标中所蕴含的风险，在此基础上可以得到时序指标最保守值 F，表达式如式（6-14）所示。时序指标最保守估计值在计算出期望值 E 和指标波动性 σ 的基础上，运用效用函数的思想来度量企业各时序指标的期望和波动性带给决策者的效用，其中期望值 E 越大，效用越大；波动性 σ 越大，效用越小。这种度量方式通过时序数据特征向效用函数的转化，一定程度上表达了决策者通过各个指标对总体风险的主观认识。

$$F = E - V \qquad\qquad 式（6-14）$$

运用 VaR 模型开展信用风险度量具有直观性、过程性等优势，通过度量给定置信水平及时间区间下预期中的最大偏离值，从每个信用风险指标的角度入手挖掘其中蕴含的动态不确定性，具有较高的实用价值。

基于上述分析、方法梳理，本书考虑对指标体系中不同类别的指标进行动静分类，并选取恰当的方法挖掘其中蕴含的动态信用风险。

第三节　考虑动态风险演化的预警模型

一、样本数据

本章同时考虑状态指标与过程指标构建动态的电商小微企业信用风险预

警模型，采用上文构建的指标体系，为充分反映指标的变化趋势，采集多期电商小微企业相关数据，2021 年 7 月 31 日获取的数据为首期，以 15 天为周期，共抓取 10 期数据。由于电商小微企业动态极强，极易出现倒闭、歇业、更换店铺名称的情况，为保证研究的准确性、合理性，本书考虑实际以首期获取的生鲜行业 822 家电商小微企业为基准，剔除多期观测过程中出现异常情况店铺，包括店铺名称改变、店铺注销、店铺销售数据清除等，固定 337 家电商小微企业作为研究样本，获取多期数据进行研究。

对所用样本数据进行前期数据清洗、标准化的操作处理，对小部分缺失值使用序列均值进行填补，最后得到 337 个样本，随后运用 Z-score 方法分别对多期数据进行标准化处理。经过处理后得到 10 期完整的数据序列，以第一期数据为基准，对 337 家企业进行信用风险级别划分，划分后可知，其中 6 个样本被认为是重度信用风险，类标签为 3，62 个样本被认为是中度信用风险，类标签为 2，263 个样本被认为是轻度信用风险，类标签为 1，其余 6 个样本被认为是无风险样本，设置类标签为 0。经过上述数据处理后，得到基础数据集，为后续研究奠定基础。

本章后续研究需将上文电商小微企业信用风险评价指标分为状态指标和过程指标两种，其中状态指标采用 2021 年 7 月 31 日的数据即首期数据进行研究；过程指标则通过选取恰当的风险度量方法，将收集的 10 期数据映射至一截面上，使得处理后的指标充分蕴含动态风险。

二、状态指标与过程指标的确定及参数设定

经上文分析可知，根据指标的性质，可将指标划分为状态指标与时序指标两种；每种指标根据其自身特性又可以进一步划分为对信用风险正向、负向两种影响；同时每种指标的变化对信用风险的影响程度、变化趋势均有不同的作用机理，因此只有合理分析指标体系内各指标的性质、选取相匹配的风险度量方式，才能充分挖掘指标内蕴含的风险，使得蕴含差异信息的指标数据映射至同一截面输出的结果更具有实际意义。

（一）划分状态指标类别

梳理本书所筛选指标的特性，以此为依据对不同指标进行动静划分及信用风险度量方法的选择。创店年限、交易支付风险、店铺保障能力、店铺履约能力、定价风险5个指标在研究期内均不会发生较大变动，且这些指标在一定程度上已经反映了企业具有的信用风险状态，可以作为状态指标构造与电商小微企业信用风险之间的映射关系。

电商小微企业具有生命周期短、动态性高的特性，这也是创店年限指标能够直观反映其面临信用风险的重要原因之一，在相同时间区间内，创店年限越长，电商小微企业在行业内越具备高信用水平，越被网络消费者青睐，其所面临的信用风险水平也就越低；且随着该指标变化所产生的信用风险边际水平不会产生较大偏离，可以将创店年限与电商小微企业信用风险之间的关系视为线性关系，因此选择负向直线型函数来对创店年限进行风险度量。

交易支付风险、店铺保障能力两项指标衡量思路有类似之处，均是通过量化所提供的服务、保障项数来印证企业所面临的经营风险，企业提供的交易方式、承诺的服务项数能够直观反映企业的信用风险状态，因此可以划分为静态的状态指标；企业提供的交易方式越多、承诺的服务项数越多，企业所面临信用风险越低，因此该两项指标与电商小微企业信用风险均可以视为线性关系，可选择负向直线型函数来进行风险度量。

企业店铺所缴纳的保证金额一方面反映了企业店铺的资金实力，另一方面可以在出现消费纠纷后衡量店铺及时响应、保障消费者权益的能力，该指标高低可以直接反映店铺面临的经营风险，因此属于状态指标；企业缴纳的保证金越多，则越能反映企业具有应对纠纷、如期履约的能力，与之相对应，企业的信用风险也就越低，因此该指标与电商小微企业信用风险之间的关系可以视为线性关系，用负向直线型函数进行风险度量。

定价风险指标与电商小微企业信用风险间的关系则与上述四个指标截然不同，当企业产品定价过低时，消费者出于"一分价钱一分货"而抵触过低价产品的心理会导致企业具有较高的定价风险；而当产品定价过高时，消费者又会望而却步，这同样导致企业定价风险升高，只有当产品定价处于行业均值水平时，存在定价风险的最低点。这种特性更为符合"U"型曲线的变化倾向，可以选择"U"型曲线衡量其中蕴含的信用风险。上述 5 个状态指标的指标类别、风险函数类别，函数各参数的设置汇总如表 6-1 所示。

表 6-1　状态指标类别及其适用风险函数汇总

指标名称	指标类别	风险函数类别	a	期望目标 b
创店年限	负向状态变量	负向直线型	−1	1.3
交易支付风险	负向状态变量	负向直线型	−1	2.3
店铺保障能力	负向状态变量	负向直线型	−1	2.2
店铺履约能力	负向状态变量	负向直线型	−1	3378.4
定价风险	正向状态变量	"U"型	−1	0.9

由于本书选取的各项指标具有较强的针对性，主要针对电商小微企业设定、构建，各项指标缺少决策者主观预期的参考，并非像资产负债率、流动比率等财务指标均有学术界公认的预期值。为保证研究的合理性，本书以行业均值为基准线来设定期望目标 b，进而确定各函数的参数。

（二）划分时序指标类别

其余 16 个指标仅通过一期截面数据难以判断电商小微企业面临的信用风险，这部分指标的风险评价会受到各期指标均衡水平、波动性、极端尾部分散等一系列特征的影响，故可将这些指标划分为时序指标。这些指标涵盖店铺资质、店铺经营风险、店铺口碑风险三大方面，且均具备不仅要求指标值保持在一定水平上，还要求在不利环境下仍可保障企业存续基础的特点，考虑到其特性与 VaR 模型的构建思路类似，选取 VaR 模型分别衡量各时序指标中蕴含的信用风险并将其映射至截面。

售卖规模、信用评级、服务态度、组织管理风险、产品保质能力、产品品质评价情感反映企业基本资质优劣，在电子商务交易大环境下，这些指标值不仅要保持在较高水平，还要具有保守的增长活力，只有如此才能够保持企业基础资质的信用风险维持在较低水平，如负面的产品品质评论情感是导致企业信用低的直接因素，这就要求决策者需谨慎判断产品品质评论中所蕴含的情感，设置保守信用值，对企业信用状况做出判断。

经营能力风险、持续经营风险、物流质量风险、物流包装评价情感、性价比评价情感指标集中反映企业经营能力水平的高低，为保障企业正常经营、发展活力，电商小微企业必须有相应的维持企业存续发展的经营能力，如果经营能力过低，企业将面临倒闭、歇业、退出电商平台的风险，决策者需谨慎估计企业的经营能力及其信用风险。

顾客认同度、顾客售后参与度、口碑累积、关注度、店铺服务评价情感反映企业在电商平台上累积的口碑状况，在互联网时代，信息公开透明、互联互通，该类指标过低会进一步恶化电商小微企业口碑信用，严重影响企业生存，意味着企业的信用状况将面临重大风险，这就要求电商小微企业口碑逐步积累并保持在一定水平上。将上述 16 个时序指标类别及其适用的风险函数、函数参数设置汇总，如表 6-2 所示。在进行 VaR 模型构建的过程中，为了保证模型的精准性，选取置信水平为 95% 的分位数 1.96 作为参数，期望目标值不同状态指标类似，同样以行业均值为基准计算确定。

表 6-2　时序指标类别及其适用风险函数汇总

指标名称	指标类别	风险函数类别	a	期望目标 b	分位数
售卖规模	时序变量	VaR	0.1	247.9	1.96
信用评级	时序变量	VaR	0.1	11.6	1.96
服务态度	时序变量	VaR	0.1	0.2	1.96
组织管理风险	时序变量	VaR	0.1	3.4	1.96
产品保质能力	时序变量	VaR	0.1	0.2	1.96
产品品质评价情感	时序变量	VaR	0.1	1.2	1.96
经营能力风险	时序变量	VaR	0.1	0.9	1.96
持续经营风险	时序变量	VaR	0.1	1256.9	1.96
物流质量风险	时序变量	VaR	0.1	0.2	1.96
物流包装评价情感	时序变量	VaR	0.1	1.9	1.96
性价比评价情感	时序变量	VaR	0.1	0.7	1.96
顾客认同度	时序变量	VaR	0.1	0.9	1.96
顾客售后参与度	时序变量	VaR	0.1	0.1	1.96
口碑累积	时序变量	VaR	0.1	1683.2	1.96
关注度	时序变量	VaR	0.1	2919	1.96
店铺服务评价情感	时序变量	VaR	0.1	1.4	1.96

　　选取风险度量方法后，按照表 6-1 与表 6-2 设定的模型参数，将状态指标与时序指标由指标值转化为风险值，映射至同一截面上，得到电商小微企业在各个指标下的风险值矩阵。该矩阵中的风险指标值考虑长时间指标波动过程，一定程度上避免因指标暂时变化而对单期截面预测结果产生的干扰。

（三）样本指标计算

　　运用前两节所建模型分别计算状态指标与时序指标值，以达到将多期风险映射至同一截面的目的。对状态指标进行计算，结果如表 6-3 所示，受篇幅限制，仅展示 10 个样本计算所得指标值。

表6-3　经映射模型处理后的状态指标值（10个样本）

样本	A1	B3	B4	B5	B6
店铺 1	2.27	11.79	5.50	5642.20	3378.40
店铺 2	2.73	28.99	8.50	5380.60	3378.40
店铺 3	2.48	28.99	7.50	4381.60	3378.40
店铺 4	3.56	28.99	6.50	54380.60	3378.40
店铺 5	2.27	28.99	7.50	13933.68	3378.40
店铺 6	2.82	28.99	7.50	13380.60	3378.40
店铺 7	2.83	11.79	6.50	23380.60	3378.40
店铺 8	2.40	28.99	7.50	13381.60	3378.40
店铺 9	2.39	28.99	7.50	13488.60	3378.40
店铺 10	2.42	28.99	8.50	13389.60	3378.40

在计算时序指标时，先后计算期望值 E 和在置信度为95%情况下指标值暴露于风险中的不确定部分 V，在此基础上可以得到时序指标最保守值 F，由此完成对动态时序指标内含风险的映射。映射后所得指标值如表6-4所示，如上所述，受篇幅限制仅将10个样本的16个时序指标值做展示。

表6-4　经 VaR 模型处理后的时序指标值（10个样本）

样本	A2	A3	A4	A5	A6	A7	B1	B2
店铺 1	−335.08	−14.20	−0.26	−11.55	−0.25	−73.19	−1.07	−1718.44
店铺 2	−261.39	−13.70	−0.31	−4.12	−0.42	−83.92	−1.37	−1684.63
店铺 3	−270.42	−11.12	−0.27	−3.62	−0.27	−38.85	−19.32	−10995.33
店铺 4	−266.87	−11.09	−0.22	−3.71	−0.22	−46.39	−5.34	−3383.46
店铺 5	−285.14	−11.12	−0.75	−4.11	−0.55	−17.06	−3.48	−4549.84
店铺 6	−249.69	−11.16	−0.22	−3.60	−0.21	−42.52	−2.34	−3591.12
店铺 7	−327.50	−11.19	−0.28	−3.63	−0.24	−27.19	−1.79	−1850.46
店铺 8	−309.84	−11.12	−0.29	−3.56	−0.22	−257.04	−9.96	−13755.48
店铺 9	−258.24	−11.19	−0.42	−3.89	−0.53	−44.65	−1.18	−1930.29
店铺 10	−250.70	−11.19	−0.28	−3.61	−0.37	−69.38	−1.11	−1695.65

续表

样本	B7	B8	B9	C1	C2	C3	C4	C5
店铺 1	−0.23	−46.55	−40.72	−0.97	−2.48	−1791.69	−3128.76	−49.36
店铺 2	−0.25	−74.59	−55.29	−0.78	−4.08	−2138.98	−7361.59	−52.84
店铺 3	−0.32	−28.13	−9.39	−0.78	−2.88	−2523.82	−7285.24	−18.81
店铺 4	−0.41	−38.79	−20.99	−0.78	−6.83	−3935.81	−6483.90	−23.12
店铺 5	−0.77	−31.92	−21.16	−0.78	−2.75	−5463.63	−5331.90	−14.19
店铺 6	−0.21	−27.58	−23.17	−0.78	−8.67	−7097.46	−8905.86	−20.12
店铺 7	−0.31	−12.70	−18.23	−0.78	−6.29	−3762.34	−4846.30	−12.61
店铺 8	−0.28	−221.74	−194.47	−0.78	−5.70	−6041.81	−54006.20	−177.07
店铺 9	−0.46	−169.10	−21.48	−0.78	−12.66	−6648.53	−4261.55	−15.98
店铺 10	−0.50	−42.69	−84.51	−0.78	−13.21	−2372.35	−3760.07	−35.90

将经过模型计算得到状态指标和时序指标映射后的截面数据作为数据库，对该数据库进行标准化处理，并以此为基础展开后续预警模型的相关研究。

三、动静信用风险预警模型精度对比

（一）整体精度对比

经上述模型运算将 337 个样本的企业指标值转化为风险值，随后运用第四章提出的 SMOTE-两步优化法网格搜索算法的随机森林模型对其进行处理。首先对原样本数据运用 SMOTE 方法进行过采样处理获得新的平衡样本数据集，新数据集中共计 1052 个样本，其中无信用风险样本、轻度信用风险样本、中度信用风险样本、重度信用风险样本各 263 个；其次将新输出的平衡样本数据集按照 2∶8 划分测试集与训练集，按照上文的思路构建随机森林模型对各样本企业的信用风险进行动态预警。

为保证变量的一致性，本章对经过风险度量处理的 337 个样本的压缩映射风险值和首期单截面指标值分别进行平衡处理，将处理后的两个新平衡样

本集分别输入随机森林模型，对比基于时序数据的动态随机森林模型和基于单期截面数据的静态随机森林模型的模型效果，输出结果如表 6-5 所示，动态随机森林模型输出测试集样本的准确率（ACC）为 97.78%，即在测试集上，有 97.78% 的电商小微企业信用风险被正确预测到相应的风险类别；精确率（P）为 97.68%，即每类预测结果的样本中真正为该类风险的电商小微企业占 97.68%；召回率（R）为 97.85%，即测试数据集中每类样本被准确预测为该类的比例为 97.85%；精确率和召回率的调和均值 F_β 为 97.76%。静态随机森林模型输出的测试集样本准确率（ACC）、精确率（P）、召回率（R）、调和均值 F_β 的值分别为 96.52%、96.39%、96.50%、96.45%。

表 6-5 考虑动态风险演化的 RF 模型与截面静态风险 RF 模型

RF	ACC	P	R	F_β
考虑动态风险演化的 RF	97.78%	97.68%	97.85%	97.76%
截面静态风险的 RF	96.52%	96.39%	96.50%	96.45%

将上述两模型的评价指标值可视化并绘制柱状图，如图 6-3 所示，可以直观看出，无论是总体样本精度，还是其他预测性能，考虑动态风险演化的随机森林模型各项评价指标明显高于基于截面静态风险的随机森林模型，且前者模型整体精度较后者提高了 1.26 个百分点，由此可见，考虑动态因素的随机森林模型在静态模型的基础上，改进了性能，提高了精度，具有更精准的预警效果。

为进一步验证两种预测模型的精度，运用十折交叉验证输出不同分组训练结果，可以更为稳定地验证考虑动态风险演化的随机森林模型与仅考虑截面风险的随机森林模型之间的差异，得到的十折交叉验证对比如图 6-4 所示，可以看出考虑动态风险演化的随机森林模型在交叉验证过程中输出的结

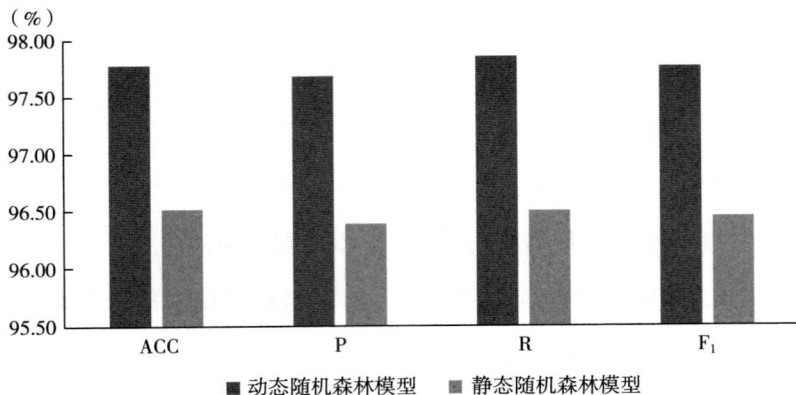

图6-3 两模型预警精度对比

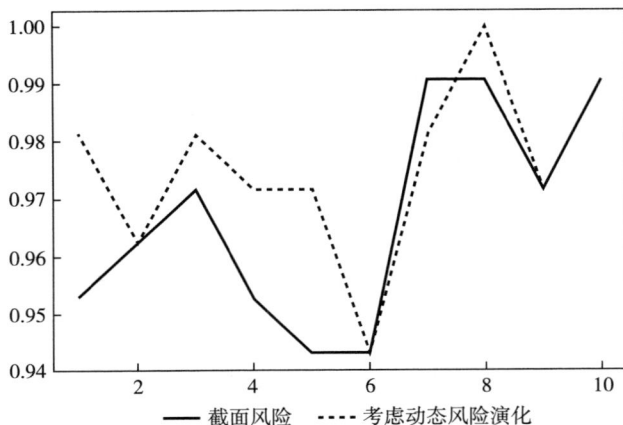

图6-4 十折交叉验证对比

果折线基本位于考虑截面风险的随机森林模型之上，仅有个别样本组集上出现前者精度小于后者精度的情况，可以判断考虑动态风险演化的随机森林模型的预警具有较为稳定的优势，进一步印证了考虑动态风险因子的随机森林模型在预警过程中呈现更优的预警状态。

（二）各风险类别预测性能

根据两模型的混淆矩阵分别输出两模型在不同风险类别样本上的预警能力，得到如表 6-6 所示的对比表格，可以看出考虑动态风险演化的随机森林模型对无信用风险的电商小微企业预测准确率达到 100%，比仅考虑截面静态风险的随机森林模型评估精度提高了 2.33%；对轻度信用风险电商小微企业的预测准确率为 92%，略低于考虑截面静态风险的随机森林模型的预测准确率 93.3%；对中度信用风险电商小微企业预测准确率为 98.7%，比考虑截面静态风险的随机森林模型评估精度提高了 6.49%，预警效果提升较大；而对具有重度信用风险的电商小微企业来说，动态模型与静态模型预测精度持平。

表 6-6　动静两模型在不同风险类别样本上的预警能力

预测准确率	动态风险演化的 RF	截面静态风险 RF	两模型对比
无风险企业预测准确率	100%	97.67%	2.33%
轻度风险企业预测准确率	92%	93.3%	−1.3%
中度风险企业预测准确率	98.7%	92.21%	6.49%
重度风险企业预测准确率	100%	100%	0

由此可见，考虑动态风险演化过程的模型性能较之静态模型的改进主要体现在对中度风险企业预警精度的提高，究其原理可追溯至对时序指标的风险度量函数作用机理：通过对指标的压缩变化，将时序数据值映射至截面上，使其荷载动态风险信息，同时避免了因变量单期极端变化对预测结果产生的干扰，进一步强化了对样本数据的区分能力。这对于识别电商小微企业的信用风险而言至关重要，以具有中度风险的电商小微企业为例，该类企业在整个行业中所占比例较高，只有对其蕴含的信用风险精准识别、判断，才有助于电商小微企业清晰意识到自身经营存在的问题，并为贷款机构提供更为精

准的贷款决策参考，降低因出现错判、误判而导致更高的风险成本。

（三）验证集检验

为验证本书所构建信用风险预警模型的应用价值和实用性，本书自2021年7月31日获取第一期数据起，标记跟踪20家电商店铺作为验证集，关注它们在研究期内的信用风险状态。这20个样本包含无信用风险、轻度信用风险、中度信用风险、重度信用风险各5个，样本在2021年7月31日的风险级别及截至2021年12月31日店铺状况的情况统计如表6-7所示。

表6-7　验证集样本状况

样本	2021年7月31日风险级别	2021年12月31日店铺状况	期间数据收集情况
绿荫鲜果的小店	无风险	正常	店铺数据曾清除
果品鲜洛川苹果直销	无风险	正常	完整
绿色产品严选店	无风险	倒闭（无法检索出）	无
广味斋	无风险	正常	店铺数据曾清除
汇盛鲜果屋	无风险	正常	店铺数据曾清除
十月的味道	轻度风险	正常	店铺数据曾清除
肉丁家的果蔬店	轻度风险	正常	店铺数据曾清除
天天采摘专注天然辅食	轻度风险	正常	完整
乐鲜果园	轻度风险	正常	完整
两个研究生的水果店	轻度风险	正常	完整
燕琴农产品	中度风险	正常	完整
鲜果乐园工厂店	中度风险	正常	完整
介岛隼百货商店的小店	中度风险	正常	店铺数据曾清除
曜尚助农扶贫店	中度风险	倒闭（无法检索出）	无
鲜果琴百货店	中度风险	倒闭（无法检索出）	无
老家的果园	重度风险	正常	店铺数据曾清除
亚洲第一高山果园	重度风险	倒闭（无法检索出）	无
汇珑蔬菜水果超市	重度风险	倒闭（无法检索出）	无
优质果蔬精品店	重度风险	倒闭（无法检索出）	无
果悠鲜主店	重度风险	倒闭（无法检索出）	无

在数据收集期间，7 家店铺先后倒闭，即在淘宝平台无法检索出；另有 7 家店铺由于自身原因曾进行过数据清除，即将积累的交易数据清空，导致其不能继续作为验证集样本进行研究，故最终完整跟踪下来的样本共 6 家店铺。

首先，对这 6 个样本的首期数据进行静态信用风险预警。其次，考虑到本书所涉动态信用风险预警在短期内很难显现明显效果，故分别对验证集第 5 期、第 10 期的风险状态进行预警，得到结果如表 6-8 所示。结合表 6-7 与表 6-8 进行分析：

第一，本书所构建的随机森林静态模型的精度很高，在 20 个样本中的预测精度均达到 100%；同时该模型具有较高的应用价值，在 2021 年 7 月 31 日的数据集中，被判定为重度风险的 5 家店铺中有 4 家倒闭，被判定为中度风险的店铺中有 2 家倒闭，店铺的发展倾向与研究结果契合，说明研究具有一定的实践价值。

第二，构建的动态预警模型不仅考虑了决策者的期望、融入动态因子，还避免了因单期截面数据极端状况所导致的预测偏差，在验证集中，首期判定为无风险的 1 家店铺同样出现了倒闭的状况，可能是由于该店铺单期经营极好的状态"误导"了静态模型，这也凸显了考虑多期时序数据融入动态因子的必要性。

第三，动态预警结果更符合实际情况，更具有长期评价的应用价值，在时序数据集上，存续至今的 6 家店铺的风险状况在轻度风险、无风险状态间波动，符合实际，也侧面印证了本书所构建的动态预警模型能更为宏观、客观、稳定地反映店铺信用风险状态，为电商平台、电商小微企业、金融机构对电商小微企业的信用风险预警提供理论参考。

表 6-8　验证集风险状态

样本	首期	5 期	10 期
店铺 1	中度风险	轻度风险	轻度风险
店铺 2	轻度风险	轻度风险	轻度风险
店铺 3	轻度风险	无风险	轻度风险
店铺 4	轻度风险	无风险	轻度风险
店铺 5	中度风险	轻度风险	轻度风险
店铺 6	无风险	轻度风险	轻度风险

第四节　本章小结

本章考虑动态风险演化的电商小微企业信用风险预警，从风险预警的本质入手，将指标体系中的指标划分为状态指标与时序指标；再分别选取适合的风险度量方法挖掘其中的动态风险，将两种类型指标的动态情况映射至同一截面，使得该截面的数据包含动态因子；紧接着将该截面数据输入随机森林模型，赋予静态预警模型动态性，将动、静两种状态的预警模型进行对比，最后将所构建模型在验证集上进行检验，可以明显看出，引入动态因子的模型更具有应用价值和实践价值。

第七章　总结与建议

第一节　研究结论

　　企业信用在电商领域举足轻重，现代风险环境的快速变化和风险管理技术的迅猛发展更使得信用风险管理成为电商小微企业的命门。为对电商小微企业面临的信用风险进行精准预警，需寻找影响电商小微企业信用风险水平的因素、考虑快速变化环境所产生的动态效应。构建完备的预警模型旨在：提升电商小微企业的信用风险管控意识与能力；为电商平台、金融机构的信用风险监管提供新思路、放贷决策提供新依据。以此促进电商小微企业融资效率大幅提升，让优质企业更为便利地获得资金流，在形势复杂的互联网环境中积极应对各种风险带来的冲击与挑战。本书考虑多场景电商小微企业信用风险影响因素，从主、客观两维度构建符合电商小微企业的信用风险预警指标体系，并通过 ROC 检验验证指标体系的合理性；划分四级风险类别阈值，并通过优化参数构建随机森林模型；运用风险度量的思想，将时序数据包含的动态信息体现出来，加入预警过程。通过真实样本数据验证预警模型的实用性，得到如下结论：

（1）构建具有电商小微企业特色的信用风险预警指标体系。本书大量梳理国内外学者所构建的电商小微企业信用风险预警指标体系的成果，深挖其构建指标体系的思路，从 5C 要素理论出发，结合互联网、大数据、数据质押的实际背景，将指标划分为店铺资质风险、店铺经营风险、店铺口碑风险三大类；考虑到在线评论对电商小微企业信用风险起着重要的影响作用，本书丰富信用风险的应用情景，从主、客观两维度共筛选出 21 个信用风险预警指标，并通过验证说明指标体系的合理性，最终形成较为完整的信用风险预警指标体系。该指标体系中，3 个一级指标对电商小微企业信用风险的影响由高到低排列为店铺资质风险、店铺经营风险、店铺口碑风险，与店铺经营风险与店铺口碑风险相较，电商小微企业的店铺资质对其信用风险预警的影响程度最深；在细分的 21 个二级指标中，对电商小微企业信用风险的影响程度排名前五的指标分别为服务态度、顾客认同度、产品保质风险、物流质量风险、产品品质评价情感，电商小微企业在对自身信用风险进行预测评估时可以对标各项指标，找到症结所在。

（2）运用 SMOTE 算法平衡数据集、"两步法"优化网格搜索算法调参构建静态预警模型。首先运用 SMOTE 的方法对非平衡数据集进行过采样处理，获得无风险、轻度风险、中度风险、重度风险样本量的比例为 1∶1∶1∶1。其次结合网格搜索算法，采用大步长配合小步长的"两步法"思路优化随机森林模型的相关参数，获得最优的模型状态。运用经处理后的 822 家电商小微企业真实数据进行信用风险预警，经对比实验，所构建的预警模型输入经平衡处理后的样本集，其预警精度明显高于非平衡样本集，经平衡处理且优化调参后的样本集输出的模型预警精度高于前两者，验证了本书所构建的电商小微企业信用风险预警模型的适用性与精准性。

（3）引入风险度量的概念构建动态预警模型，证明融入动态因子的预警模型精度高于静态预警模型。互联网环境的变幻莫测在时序数据获取的过程中明显体现，822 个样本企业中超过半数的样本出现店铺名称改变、店铺注销、店铺销售数据清除的情况，为保证观测样本时序数据的稳定性，本书筛选并固定 337 家电商小微企业作为研究样本，获取多期数据进行动态研究。考虑每个指标的属性，划分状态指标 5 个，时序指标 16 个，分别采取不同的风险度量方式获取包含动态因子的截面数据，基于该动态风险演化进行电商小微企业的信用风险预警。结果表明，考虑时序数据动态变化的模型较之静态模型精度更高，更贴合电商小微企业的特性，能够全面、科学地反映电商小微企业信用水平高低并给出精准的预警结果。

第二节　研究建议

为降低电商小微企业信用风险、提升其信用水平，更好地把控其信用风险管理，提高电商小微企业互联网融资的质量与效率，保证电商小微企业健康发展发展与电商市场的秩序，提出以下五点建议：

（1）电商小微企业需多管齐下，保证自身信用度，提高生存活力与竞争力。要提升自身店铺资质、保证良好经营、注重店铺口碑，既要注重可以直观展现的营运数据，更要关注消费者在网络平台公开发布的评论所带来的影响。一方面，电商小微企业的经营者尤其要提高对店铺服务态度、产品质量、物流服务等要素的重视，提高风险识别的辨别力和风险处理的行动力，做到早预判、早发现、早解决，提高企业抗风险能力。另一方面，电商小微企业要将目光放在公开在线评论上，在其中察觉信用风险产生的苗头。既要诚信展示在线评论，杜绝刷单、刷评论的不正当好评行为，又要防微杜渐，及时反思，把握信用风险动向。这对电商小微企业提出了多管齐下的要求，在不断沉淀店铺资质的过程中，提高自身服务水平、完善服务链条、满足消费者消费体验，保证产品质量良家、合理定价，在消费者群体中树立良好的评价口碑，形成良性循环，利于店铺资质积累、信用提升。

（2）电商平台应强化主体责任意识，保持市场良性竞争。在大数据背景下诞生的互联网金融进一步强化了电商平台的主体责任，要求电商平台扮演并突破传统金融机构在融资过程中的主体角色。因此电商平台更应该顺应时代要求与市场变化，积极求变、主动应变，不断完善电商小微企业云端数据库，记录其经营行为数据，适时向市场公布公开，谨防恶意竞争破坏电商市场平衡或信息不对称导致的电商市场混乱；与时俱进，制定更为合理、全面、透明、适用于多场景的信用风险预警制度，力求将电商平台本身的担保风险最小化，保护符合信用要求的小微企业的积极性；同时更要完善信用奖惩机制，对信用优良的小微企业给予更大力度的优惠条件，提高违约小微企业的失信成本，通过激励不断规范平台中小微企业的行为，提高平台整体的信用水平。

（3）金融机构应积极探索大数据背景下的转型，响应落实国家政策，将资金向电商小微企业倾斜。新时代要求传统金融机构跨出舒适区，将业务延伸至电子商务领域，最见效的手段是与电商平台、物流平台、第三方支付平台等合作搭建一体化金融服务开放平台，开展广泛合作对接，运用各电子平台累积的云端数据库，获取多样化、结构化的交易数据、行为数据、信用数据，以此为基础探索电商小微企业融资新路径，打破电商小微企业融资难、融资慢、融资意愿低的僵局。与电商平台携手护航电商小微企业。

（4）电商平台、金融机构需不断更新、完善电商小微企业信用风险评价及预警，形成统一的、可互认的信用风险预警标准。电商小微企业发展中面临的动态性极高，这也就要求电商平台、金融机构联合起来，及时根据企业特点、国家政策、市场变化更迭信用风险预警机制。同时电商小微企业、电商平台、金融机构之间应形成统一的信用风险预警标准和预警方法，推动信用风险预警规范化，有助于电商小微企业明晰自身优劣势、提高信用水平；电商平台、金融机构及时洞悉电商小微企业的信用状况，保证优质电商小微企业的生存发展，营造良好的电商小微企业市场。

（5）监管部门牵头，规范信用环境。加大宣传力度，引导电商小微企业重视自身信用风险、明晰信用风险产生的根源，做到对症下药，实时自省自查；督促电商平台在互联网金融融资的过程中起到主导作用，及时监测、监控电商小微企业的信用状况，打造阳光电商企业，共筑透明电商市场。

参考文献

［1］黄宝凤，李金玲，徐剑．基于交易大数据的小微企业信用动态评价［J］．中国统计，2020（04）：32-35．

［2］冀芳，张夏恒．电子商务模式划分新视角——基于交易主体空间位置［J］．中国流通经济，2016，30（04）：40-46．

［3］施文先．小微企业电商信贷模式及其信用风险分析［D］．华中科技大学，2016．

［4］Stiglitz J E，Weiss A. Credit rationing in markets with imperfect information［J］. American Economic Review，1981（71）：393-411．

［5］Berger A N，Udell G F. The economics of small business finance：the roles of private equity and debt markets in the financial growth cycle［J］. Journal of Banking and Finance，1998（22）：613-672．

［6］杨嘉歆，王永强，陈永刚．科技型小微企业融资困境与对策研究——金融科技视角［J］．金融科技时代，2020，28（10）：67-71．

［7］张宇润，张强．小微企业融资困境及对策研究［J］．蚌埠学院学报，2020，9（04）：23-30．

［8］赵浩，丁韦娜，鲁亚军．小微企业融资困境分析与国际经验借鉴［J］．征信，2019，37（07）：55-60.

［9］林毅夫，孙希芳．信息、非正规金融与中小企业融资［J］．经济研究，2005（07）：35-44.

［10］Sumit Agarwal，Robert Hauswald. Distance and private information in lending［J］. The Review of Financial Studies，2010，23（7）：2752-2788.

［11］李超，骆建文．基于互联网金融的小微企业融资策略［J］．现代管理科学，2015（01）：100-102.

［12］姚莲芳．小微企业运用互联网金融融资的模式分析［J］．学习与实践，2017（12）：69-74.

［13］姚国章，赵刚．互联网金融及其风险研究［J］．南京邮电大学学报（自然科学版），2015，35（02）：8-21.

［14］孔媛媛，王恒山，朱珂，李晟．模糊影响图评价算法在供应链金融信用风险评估中的应用［J］．数学的实践与认识，2010，40（21）：80-86.

［15］王帅，杨培涛，黄庆雯．基于多层次模糊综合评价的中小企业信用风险评估［J］．财经理论与实践，2014，35（05）：13-17.

［16］许艳秋，潘美芹．层次分析法和支持向量机在个人信用评估中的应用［J］．中国管理科学，2016，24（S1）：106-112.

［17］Mingfeng Lin，Prabhala N R.，Siva Viswanathan. Judging borrowers by the company they keep：Friendship networks and information a symmetry in online peer-to-peer lending［J］. Management Science，2013，59（1）：17-35.

［18］Riza Emekter，YanbinTu，Ben jamas Jirasakuldech. Evaluating credit risk and loanper formance inonline Peer-to-Peer lending［J］. Applied Economics，2015，47（1）：54-56.

［19］梁满，徐御，李宏达，陈清明．互联网金融信息安全评估指标体系研究［J］．计算机工程，2017，43（07）：170-174+181．

［20］谭中明，束文会．互联网金融生态圈内融资信用风险仿真评测研究［J］．武汉金融，2019（02）：9-15．

［21］王宝森，王迪．互联网供应链金融信用风险度量与盯市管理［J］．中国流通经济，2017，31（04）：77-84．

［22］陈柏彤，鲍新中．基于二次加权 TOPSIS 法的电商小微企业信用风险动态评价［J］．金融理论与实践，2020（10）：1-7．

［23］田琨，庄新田，赵婉婷．供应链金融模式下中小企业信用风险评估——基于汽车制造业数据分析［J］．工业技术经济，2021，40（05）：15-20．

［24］羿建华，郭峰．供应链金融视角下企业信用风险评估指标体系的选择与应用［J］．济南大学学报（社会科学版），2021，31（02）：103-112+159-160．

［25］宋彪．基于大数据的企业财务预警理论与方法研究［D］．中央财经大学，2015．

［26］王文荣，陈婵姹．大数据背景下中小企业信用评价体系构建［J］．电子商务，2018（07）：46-47．

［27］吴峥．基于大数据技术的中小企业信用评价体系构建研究［J］．大众标准化，2020（16）：100-102．

［28］唐时达，李智华，李晓宏．供应链金融新趋势［J］．中国金融，2015（10）：40-41．

［29］付永贵，朱建明．基于大数据的网络供应商信用评估模型［J］．中央财经大学学报，2016（08）：74-83．

［30］谢邦昌，魏超然，刘立新．大数据时代下的小微企业信用评价［J］．中国统计，2016（10）：22-24.

［31］Cai J，Wang Y，Guo W. The research on the construction of personal credit system based on big data［J］. Tech-noeconomics & Management Research，2018（3）：3-8.

［32］Ding J. Exploring the problems of big data in the field of personal credit information in China［J］. Value Engineer-ing，2018，37（30）：224-226.

［33］黄月涵，华迎．基于决策树的智能服务交易主体动态信用评估模型构建——以智能投顾行业为例［J］.浙江金融，2019（06）：54-64.

［34］王冬一，华迎，朱峻萱．基于大数据技术的个人信用动态评价指标体系研究——基于社会资本视角［J］.国际商务（对外经济贸易大学学报），2020（01）：115-127.

［35］唐时达，曾雪云．互联网下企业运营和交易行为的发展趋势［J］.财务与会计，2015（04）：23-25.

［36］杜晓颖．企业信用评级体系的构建——基于非上市公司的视角［J］.广东金融学院学报，2012，27（04）：86-96.

［37］王素义，朱传华．中小企业信用评价指标的选择与拓展［J］.生产力研究，2009（11）：180-181.

［38］刘萍，申婧．模糊综合评价法在中小企业信用评级中的应用［J］.科技与管理，2012，14（06）：51-54

［39］蒋辉．非对称信息下小微企业信用评价指标体系的构建［J］.财会月刊，2017（14）：51-55.

［40］匡海波，杜浩，丰昊月．供应链金融下中小企业信用风险指标体系构建［J］.科研管理，2020，41（04）：209-219.

［41］袁海瑛．大数据背景下的互联网融资信用评价体系构建［J］．上海经济研究，2017（12）：66-72.

［42］何佳晓．"互联网+"背景下农业创新发展的制度支撑体系［J］．农村经济与科技，2019，30（22）：188-189.

［43］刘灵芝，胡天娇，肖邦明．熟食品消费的网络评论对线上销量的影响研究——以水禽熟食产品为例［J］．中国农业大学学报，2018，23（05）：208-217.

［44］聂卉．基于内容特征的评论效用排名预测——以豆瓣书评为例［J］．管理评论，2021，33（02）：176-186.

［45］易剑波．基于文本挖掘的电商用户评论分析与系统实现［D］．东南大学，2017.

［46］胥梦佳．网络在线评论文本挖掘［D］．华中师范大学，2020.

［47］郝媛媛．在线评论对消费者感知与购买行为影响的实证研究［D］．哈尔滨工业大学，2010.

［48］孙玥璠，杨超，张梦实．大数据时代中小企业信用评价指标体系重构［J］．财务与会计，2015（06）：47-48.

［49］荣飞琼，郭梦飞．基于大数据的跨境电商平台供应商信用评估研究［J］．统计与信息论坛，2018，33（03）：100-107.

［50］王超．基于文本分析的P2P网络借贷信用风险研究［D］．华南理工大学，2020.

［51］禹亦歆．电商小额贷款信用融资风险甄别机制研究［D］．湖南大学，2016.

［52］耿军会，王雪祺．小微科技企业知识产权融资风险及控制机制［J］．商业经济研究，2016（09）：164-166.

［53］王珊君．第三方交易平台的网络借贷模式及其信用机制研究［D］．中央财经大学，2016．

［54］刘玉．电商金融的风险形成及其防范研究［J］．金融经济，2015（12）：119-121．

［55］Peter F. Supply chain risk management revisited［J］．Supply Chain Management，2016，19（3）：142-156．

［56］杜倩．电商企业融资风险分析与控制研究［D］．广西大学，2017．

［57］宫建华，周远祎．我国互联网金融发展现状与风险治理［J］．征信，2019，37（09）：89-92．

［58］邹可，李晴宇．互联网金融背景下小微企业融资问题研究［J］．现代经济信息，2020（13）：138-139．

［59］罗勇，王阳军．刍议互联网供应链金融风险及其防范［J］．物流工程与管理，2018，40（01）：125-127+73．

［60］储雪俭，谢天豪，庞瑞琪．电商供应链金融的特点、风险及防控对策［J］．南方金融，2018（09）：94-98．

［61］刘达．基于传统供应链金融的"互联网+"研究［J］．经济与管理研究，2016，37（11）：22-29．

［62］董春丽．互联网金融背景下中小企业融资风险与路径探析［J］．湖南社会科学，2019（02）：73-80．

［63］Fitzpatrick. A comparison of rations of successful industrial enterprises with those of failed firms［J］．Certified Public Accountant，1932（2）．

［64］Altman E I. Financial ratios，discriminant analysis and the prediction of corporate bankruptcy［J］．The Journal of Finance，1968，4（23）：589-609．

［65］James A Ohlson. Financial ratios and the probabilistic prediction of bankruptcy [J]. Journal of Accounting Research，1980，18（1）：109-131.

[66] 方匡南，范新妍，马双鸽. 基于网络结构 Logistic 模型的企业信用风险预警 [J]. 统计研究，2016，33（04）：50-55.

[67] 王永萍，纪秋英，柴佳佳. 基于 FOA 算法的 Logistic 回归模型的财务预警研究 [J]. 系统科学与数学，2017，37（02）：573-586.

[68] 丁越. 基于遗传算法的 P2P 网贷违约预警模型研究 [D]. 浙江大学，2019.

[69] 郭春桃. 基于组合模型的个人信用评估研究 [D]. 天津商业大学，2019.

[70] 赵囡，赵哲耘. 基于 PCA-BPNN 的互联网公司信用风险预警模型 [J]. 上海经济，2018（03）：97-107.

[71] 李桂芝，王雪标. 大数据背景下基于 GRBF 神经网络的 P2P 机构信用风险预警研究 [J]. 数学的实践与认识，2020，50（17）：35-43.

[72] 张晴丽. 基于 FOA-SMOTE-SVM 的中国制造业上市公司信用风险预警研究 [D]. 成都理工大学，2019.

[73] 周树功，李娟. 粒子群优化算法和支持向量机的上市公司信用风险预警 [J]. 现代电子技术，2020，43（11）：72-75.

[74] 刘舒晨. 基于神经网络优化算法的商业银行个人信用风险预警模型研究 [D]. 江西财经大学，2020.

[75] 赵莉. 基于决策树的中小企业信用风险预警研究 [D]. 安徽财经大学，2020.

[76] 刘梦莹. 随机森林在上市公司信用风险预警中的应用 [D]. 华中科技大学，2019.

[77] 姜婕. 基于卡尔曼滤波法的企业财务预警实证研究 [D]. 东南大

学，2018.

［78］尹夏楠．知识产权质押融资模式及风险管理研究［D］．中国矿业大学（北京），2018.

［79］Whitley D. A genetic algorithm tutorial［J］. Statistics and Computing，1994，4（2）：65-85.

［80］Trelea I C. The particle swarm optimization algorithm：Convergence analysis and parameter selection［J］. Information Processing Letters，2003，85（6）：317-325.

［81］Pan W T. A new fruit fly optimization algorithm：Taking the financial distress model as an example［J］. Knowledge-Based Systems，2012，26（2）：69-74.

［82］刘洪芳．我国地方政府债务信用评估体系构建研究［D］．中央财经大学，2017.

［83］何毅舟．复杂系统框架下的企业信用风险预警研究［D］．暨南大学，2018.

［84］Akerlof G A，Spence A M，Stiglitz J E. Interview with the 2001 Laureates in Economics，George A. Akerlof，A. Michael Spence and Joseph E. Stiglitz［Z］. Nobel Prize in Economics Documents，2001.

［85］张润驰．我国小微企业贷款信用风险评估模型研究［D］．南京大学，2018.

［86］Frank Hyneman Knight. 风险、不确定性与利润［M］．安佳，译．北京：商务印书馆，2013.

［87］Frederic S. Mishkin. 货币金融学［M］．北京：机械工业出版社，2014：32-33.

［88］全颖．P2P 网络借贷信用风险及防范研究［D］．东北师范大学，2018.

［89］Stiglitz J E，Greenwald B C. Externalities in economies with imperfect information and incomplete markets［J］. Quarterly Journal of Economics，1986，101（2）：229-264.

［90］姚斌．信号理论与共享经济［D］．辽宁大学，2019.

［91］Ronald H. Coase. 社会成本问题［J］．法律与经济学，1960（03）.

［92］惠志斌．数据经济时代互联网企业跨境数据流动风险管理研究［D］．南京大学，2018.

［93］王晓刚．基于全生命周期的高铁技术知识产权风险管理研究［D］．中国铁道科学研究院，2019.

［94］王稳，王东．企业风险管理理论的演进与展望［J］．审计研究，2010（04）：96-100.

［95］申韬．小额贷款公司信用风险管理研究［D］．中南大学，2012.

［96］杨竹清，张超林．数字普惠金融与银行信用贷款关系研究——基于中国城市数据的实证研究［J］．当代经济管理，2021，43（06）：79-89.

［97］张林，温涛．数字普惠金融发展如何影响居民创业［J］．中南财经政法大学学报，2020（04）：85-95+107.

［98］杨伟明，粟麟，王明伟．数字普惠金融与城乡居民收入——基于经济增长与创业行为的中介效应分析［J］．上海财经大学学报，2020，22（04）：83-94.

［99］楼晓靖．工业企业风险动态预警及政府监管研究［D］．浙江大学，2013.

［100］沈海微．基于 FA-BPNN 的物流金融风险预警系统模型研究

［D］．华北电力大学（北京），2018.

［101］王晓刚．基于全生命周期的高铁技术知识产权风险管理研究［D］．中国铁道科学研究院，2019.

［102］Dyckman B. Supply chain finance：Risk mitigation and revenue growth［J］. Journal of Corporate Treasury Management，2011，4（2）：168-173.

［103］禹亦歆．电商小额贷款信用融资风险甄别机制研究［D］．湖南大学，2016.

［104］付玉涵．小微企业 P2P 融资风险研究［D］．江西师范大学，2018.

［105］宫建华，周远祎．我国互联网金融发展现状与风险治理［J］．征信，2019，37（09）：89-92.

［106］邹可，李晴宇．互联网金融背景下小微企业融资问题研究［J］．现代经济信息，2020（13）：138-139.

［107］党誉珲．小微企业互联网金融融资风险分析［J］．中国市场，2020（10）：31-32.

［108］千敏，焦琳晓．基于互联网金融的小微企业股权众筹融资风险研究［J］．绥化学院学报，2020，40（05）：25-27.

［109］柏青华．网络借贷行业的风险研究［D］．中国社会科学院研究生院，2020.

［110］周衍平，李蓓仪．创新型企业知识产权质押融资风险评价——基于灰色关联 TOPSIS 模型［J］．山东科技大学学报（社会科学版），2020，22（06）：71-79+91.

［111］邢苗，董兴林．中小科技企业知识产权质押融资风险评价研究——基于供应链金融视角［J］．科技管理研究，2020，40（18）：196-202.

［112］彭颖．基于扎根理论的众筹融资信用风险识别与管理机制研究［D］．兰州大学，2018.

［113］蒙震．中小企业信用风险评估及其对贷款定价的影响研究［D］．对外经济贸易大学，2015.

［114］贾艳涛，虞慧群．基于C2C的可信信用评价模型［J］．计算机工程，2010，36（18）：256-258.

［115］CNNIC．第49次中国互联网络发展状况统计报告［EB/OL］．2021-02-03.

［116］虞越．B2B电商平台企业信用评估研究［D］．江苏大学，2016.

［117］王学东，金芳芳，朱洋，谢辉．模糊综合评价法在网商信用指数测度中的应用研究［J］．现代情报，2013，33（09）：10-14.

［118］付永贵，朱建明．基于大数据的网络供应商信用评估模型［J］．中央财经大学学报，2016（08）：74-83.

［119］丁林．民族小微企业银行借贷风险及管控策略研究［J］．贵州民族研究，2016，37（05）：163-166.

［120］施文先．小微企业电商信贷模式及其信用风险分析［D］．华中科技大学，2016.

［121］唐时达，李智华，李晓宏．供应链金融新趋势［J］．中国金融，2015（10）：40-41.

［122］邹宗峰，佐思琪，张鹏．大数据环境下的数据质押供应链融资模式研究［J］．科技管理研究，2016，36（20）：201-205+233.

［123］杜永红．大数据下的互联网金融创新发展模式［J］．中国流通经济，2015，29（07）：70-75.

［124］邓传红，张庆．电商融资风险及防范——以阿里小贷为例［J］．

财会月刊，2015（18）：45.

［125］马艳丽 . C2C 电子商务信用评价模型研究［D］. 首都经济贸易大学，2014.

［126］国丽娜，邵世才 . 科研单位和科研人员的科研信用评价指标和方法研究——从政府视角［J］. 中国科技论坛，2019（02）：135-142.

［127］Li Y，Qiao J. Research on the application of big data about communication and online behavior to the field of credit reference ［J］. Credit Reference，2016（10）：24-26.

［128］Bourdieu P. Symbolic power ［J］. Critique of Anthropology，1979，4（13-14）：77-85.

［129］蒋建洪，赵嵩正，罗玫 . C2C 交易中卖方信用评价因素研究 ［J］. 计算机应用研究，2011，28（09）：3239-3241+3244.

［130］许启发，王陶，蒋翠侠，杨善林 . 电商卖家信用评分的多因素校正模型及有效性检验——以淘宝网为例［J］. 软科学，2017，31（01）：105-108+113.

［131］李超 . B2B 电子商务企业信用评价体系研究 ［D］. 西南石油大学，2018.

［132］程砚秋，徐占东 . 基于泰尔指数修正的 ELECTRE Ⅲ小企业信用评价模型［J］. 中国管理科学，2019，27（10）：22-33.

［133］李怀栋 . B2C 农产品电子商务信用评价指标体系的构建［J］. 征信，2019，37（02）：45-49.

［134］何佳晓，王胜 . 电商平台农产品经营主体信用评价指标体系构建研究［J］. 征信，2020，38（08）：53-59.

［135］刘景艳 . 大数据背景下跨境电子商务信用评价体系的构建［J］.

财会月刊, 2016 (14): 41-45.

[136] 郭静. C2C 电子商务动态信用评价模型研究 [D]. 燕山大学, 2019.

[137] 鞠彦辉, 许燕, 何毅. 信息混沌下银行线上供应链金融信用风险盲数评价模型构建 [J]. 企业经济, 2018, 37 (06): 102-106.

[138] 张朝辉, 刘佳佳, 冉惠. 基于贝叶斯与神经网混合算法的电商信用评价方法研究 [J]. 情报科学, 2020, 38 (02): 81-87.

[139] 马德清, 李怡. 跨境电子商务信用评价指标体系研究 [J]. 商场现代化, 2020 (16): 44-46.

[140] 王俊峰, 吴海洋. 基于改进的 TOPSIS 法的 B2C 企业信用评价 [J]. 软科学, 2014, 28 (06): 21-24.

[141] 陈鑫铭, 冯艳. C2C 电子商务信用评估体系研究 [J]. 图书情报工作, 2009, 53 (14): 134-137.

[142] 王宸圆, 李丹. 电子商务平台下农产品信用评价指标体系构建 [J]. 电子商务, 2016 (09): 59-60+70.

[143] Ji P, Zhang H Y, Wang J Q. A fuzzy decision support model with sentiment analysis for items comparison in e-commerce: The case study of PConline. com [J]. IEEE Transactions on Systems, Man, and Cybernetics: Systems, 2018: 1-12.

[144] Pang B, Lee L. Opinion mining and sentiment analysis [J]. Foundations and Trends in Information Retrieval, 2008, 2 (1-2): 1-135.

[145] 易剑波. 基于文本挖掘的电商用户评论分析与系统实现 [D]. 东南大学, 2017.

[146] 邓东. 情感词典构建方法及其应用研究 [D]. 北京交通大

学，2019.

[147] 马凤才，李春月．消费者对电子商务平台销售生鲜产品满意度测算研究——基于京东生鲜在线评论的分析［J］．价格理论与实践，2020（05）：117-120.

[148] 孟斌，迟国泰，龚玲玲．商户小额贷款信用评价模型［J］．技术经济，2014，33（12）：103-108.

[149] Rodriguez-Galiano V F，Ghimire B，Rogan J，et al. An assessment of the effectiveness of a random forest classifier for land-cover classification［J］．Journal of Photogrammetry and Remote Sensing，2012，67（1）：93-104.

[150] 孙晓琳．基于状态空间的财务危机动态预警模型在中国的实证研究［J］．中国软科学，2013（04）：140-147.

[151] 周忆，张友棠．基于卡尔曼滤波的僵尸企业财务风险动态预警研究［J］．财会通讯，2019（23）：110-114.

[152] Weiss G M. Mining with rarity：A unifying framework［J］．SIGKDD Explorations，2004，6（1）：7-19.

[153] Chawla N V，Bowyer K W，Hall L O，et al. SMOTE：Synthetic minority over-sampling technique［J］．Journal of Artificial Intelligence Research，2002，16（1）：321-357.

[154] 姜婕．基于卡尔曼滤波法的企业财务预警实证研究［D］．东南大学，2018.

[155] 李鸿禧，宋宇．基于时间相依 Cox 回归的动态财务预警模型及实证［J］．运筹与管理，2020，29（08）：177-185.

[156] 孙玲莉，杨贵军，王禹童．基于 Benford 律的随机森林模型及其在财务风险预警的应用［J］．数量经济技术经济研究，2021，38（09）：

159－177.

　［157］王强，沈永平，陈英武．多属性决策的支持向量机方法［J］．系统工程理论与实践，2006（06）：54－58＋123.

　［158］Goovaerts M J，Kaas R，Laeven R J A. Decision principles derived from risk measures［J］. Insurance：Mathematics and Economics，2010（47）：294－302.

　［159］张发明，王伟明，李小霜．TOPSIS－GRA 法下的企业动态信用评价方法及其应用［J］．运筹与管理，2018，27（09）：132－138.

　［160］余鹏，马珩，周福礼．基于级差最大化组合赋权 TOPSIS 灰关联投影法的区域碳效率动态评价［J］．运筹与管理，2019，28（12）：170－177.

　［161］吴飞美，李美娟，徐林明，毕骏莉．基于理想解和灰关联度的动态评价方法及其应用研究［J］．中国管理科学，2019，27（12）：136－142.

　［162］李旭辉，郑丽琳，程静静．国家自主创新示范区创新驱动发展动态评价体系研究——基于二次加权动态评价方法［J］．华东经济管理，2019，33（03）：79－85.

　［163］王冬一，华迎，朱峻萱．基于大数据技术的个人信用动态评价指标体系研究——基于社会资本视角［J］．国际商务（对外经济贸易大学学报），2020（01）：115－127.

　［164］张发明，李艾珉，韩媛媛．基于改进动态组合评价方法的小微企业信用评价研究［J］．管理学报，2019，16（02）：286－296.

　［165］张卫国，黄思颖，王超．奖励众筹融资绩效动态预测研究——来自"众筹网"数据的实证［J］．中国管理科学，2023（05）．

　［166］杨亮，谭乔予，班春生．金融创新下风险度量工具的性质、优化及风险管理的应用——基于 GlueVaR 的研究［J］．经济学家，2019（10）：

93-103.

[167] L Y S, Skng W. Risk management for sino-foreign joint ventures in the chinese construction: Proceedings on construction and the environment [Z]. NY: CIB World Building, 1998.

[168] Aldatoye A S. Environmental risk assessment of private financeinitiative projects: Proceedings on construction and the environment [Z]. NY: CIB World Building, 1998.

[169] Alexander G. The handbook of risk management and analys [M]. New York: John Wiley & Sons Ltd, 1996.

[170] Pollatsek A, Tversky A. A theory of risk [J]. Journal of Mathematical Psychology, 1970 (7): 540-553.

[171] Jorion P. Value at Risk: The new benchmark for managing financial risk [M]. New York: Mc Graw-Hill Higher Education, 2001.

后 记

本书依托于教育部人文社会科学研究项目"大数据驱动下电商平台供应链融资风险动态预警研究"（20YJC630175），对电商平台 C2C 交易模式下的小微企业信用风险预警问题进行了深入的研究与探索，构建的信用风险预警指标体系以及大数据驱动的动态信用风险预警模型，为电商小微企业健康发展、电商平台融资决策等提供了科学依据。基于本书，对于未来研究工作的展望总结如下：

（1）扩展数据获取途径。受数据获取限制，本书仅将样本固定在淘宝平台的生鲜行业，未来若有条件与电商平台搭建数据库平台，直接获取电商小微企业各行业店铺资质、经营、口碑等方面的数据，建立宏观数据库，则会使研究更为深入、更为普适，获取数据面的扩展能支撑起更为丰富的指标体系、更精准衡量电商小微企业的信用风险。

（2）跨学科探索高效的调参方法。本书选用的"两步法"优化网格搜索算法在一定程度上提高了随机森林预警的性能及效率，但在样本量过大的情况下，该方法优势并不明显，且进行大步长搜索后在最优点附近继续进行网格搜索可能陷入局部最优的困境，不能保证得到最优参数。未来研究将考虑高维度大样本数据，结合运筹学最优化理论与方法以及计算机科学智能优化算法设计等，引入群体智能优化算法对参数全局寻优，进一步优化模型精度。